# Fit fürs... Rechnen bis 20

## Mein Übungsheft

## 1. Klasse

**Text:** Kirstin Gramowski
**Illustration:** Guido Wandrey

TESSLOFF

# Vorwort

## Hier übst du

intensiv das Rechnen im Zahlenraum bis 20. Du lernst die Zahlen kennen, rechnest mit plus und minus, mit Größen wie Zeit und Geld und löst Sachaufgaben. Ob Umkehraufgaben oder Zehnerübergang – meine Ameisenfreunde und ich zeigen dir, worauf es ankommt, und helfen dir beim Lösen der Aufgaben.

## So funktioniert's

Am besten, du nimmst dir jeden Tag ein paar Minuten Zeit zum Üben. In der Heftmitte findest du die lustigen Ameisensticker. Für jede gelöste Doppelseite schnappst du dir einen, der dir gefällt, und klebst ihn auf das Ausmalbild. Sind alle Felder voll, bist du fit fürs Rechnen bis 20!

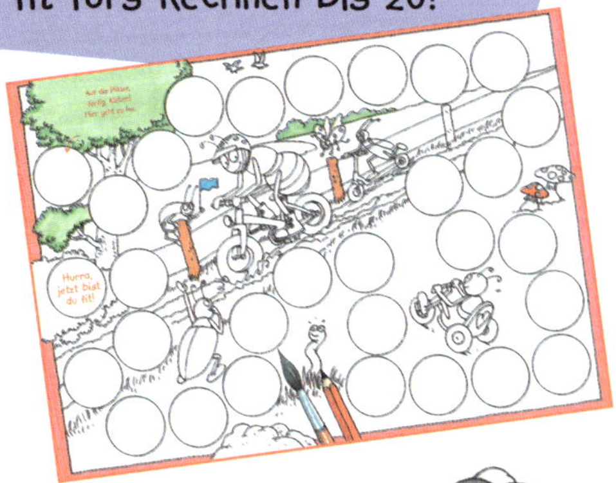

## Hast du alles richtig?

Das Lösungsheft in der Mitte hilft dir bei der Selbstkontrolle. Du kannst es auch herausnehmen.

Ich wünsche dir viel Ameisen-Power beim Üben!

# Inhaltsverzeichnis

# Zahlen bis 20 kennen

**1** Zähle und trage die passenden Zahlen ein.

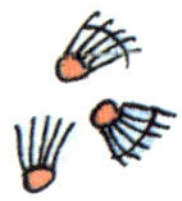  

| 3 | | |
|---|---|---|

**2** Zähle die verschiedenen Sportgeräte und trage die richtigen Zahlen ein.

  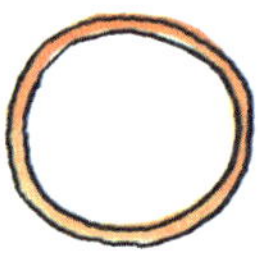  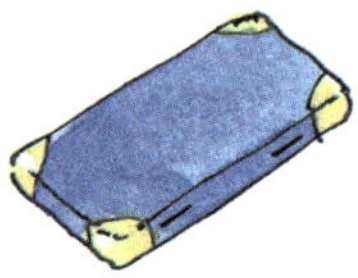

| 3 | | | | |
|---|---|---|---|---|

# Zahlen bis 20 kennen

**3** Wie heißt die passende Zahl? Schreibe sie auf.

4

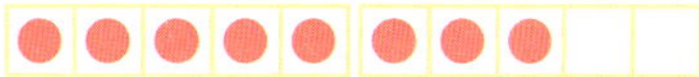

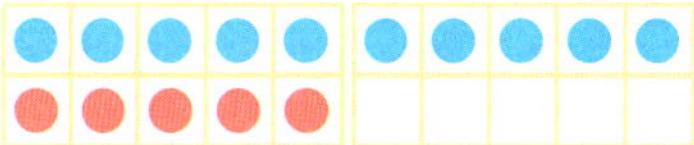

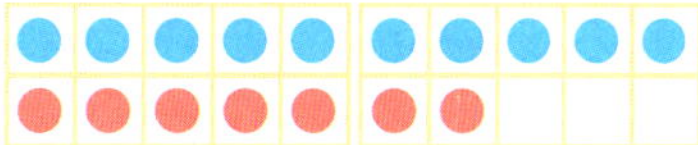

**4** Verbinde die Mengen mit den passenden Zahlen.

| 10 | 7 | 15 | 6 | 12 | 17 |
|---|---|---|---|---|---|

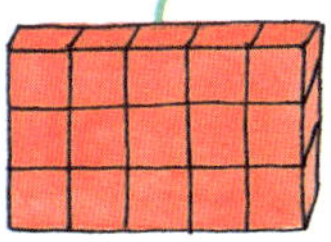

**5** Ergänze die fehlenden Punkte.

11

18

# Zählen und bündeln

**1** Bündele die angegebene Menge.

immer 3: 

immer 5: 

immer 6: 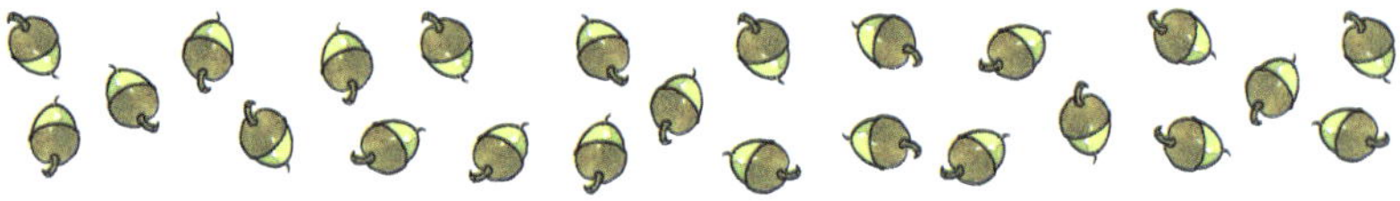

**2** Umkreise immer 10 Dinge und zähle dann den Rest.
Trage ein.

10 Einer = 1 Zehner

 → ___ Z ___ E → ___

 → ___ Z ___ E → ___

# Zehner und Einer

**1** Trage die fehlenden Zahlen ein.

| Z | E |
|---|---|
| 1 | 3 |

[ ]

| Z | E |
|---|---|
| 1 | 6 |

[ ]

| Z | E |
|---|---|
| | |

14

| Z | E |
|---|---|
| 1 | 8 |

[ ]

| Z | E |
|---|---|
| | |

19

| Z | E |
|---|---|
| | |

10

**2** Umkreise immer 10 Dinge und ergänze die fehlenden Zahlen.

| Z | E |
|---|---|
| *1* | *1* |

*11*

| Z | E |
|---|---|
| 1 | 3 |

| Z | E |
|---|---|
| | |

[ ]

| Z | E |
|---|---|
| | |

[ ]

# Zahlenfolgen

**1** Jeder Startblock hat eine Nummer. Trage die Nachbarzahlen ein.

**2** Verbinde die Zahlen in der richtigen Reihenfolge.

**3** Ergänze die fehlenden Zahlen.

# Zahlenfolgen

**4** Schreibe die passenden Zahlen in die Wassertropfen.

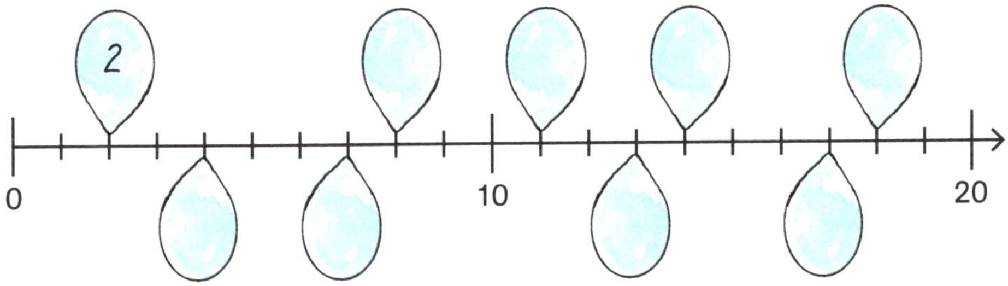


**5** Trage die Ordnungszahlen ein. Male dann die Badehosen aus und ergänze den letzten Satz.

2., 4. und 7. Hose
1., 5. und 9. Hose
6. und 8. Hose

Die ____ und ____ Hose sind gelb.

**6** Wer ist zuerst am Ziel? Ergänze die Ordnungszahlen.

# Zahlen vergleichen

**1** Zähle die Würfel und trage die passenden Zahlen ein. Setze dann die Zeichen **<**, **>** oder **=** dazwischen.

2 < 5 ___ ◯ ___ ___ ◯ ___

**2** Zähle die Tiere und trage die passenden Zahlen ein. Setze dann die Zeichen **<**, **>** oder **=** dazwischen.

___ ◯ ___ ___ ◯ ___ ___ ◯ ___

**3** Setze die passenden Zahlen und die Zeichen **<**, **>** oder **=** ein.

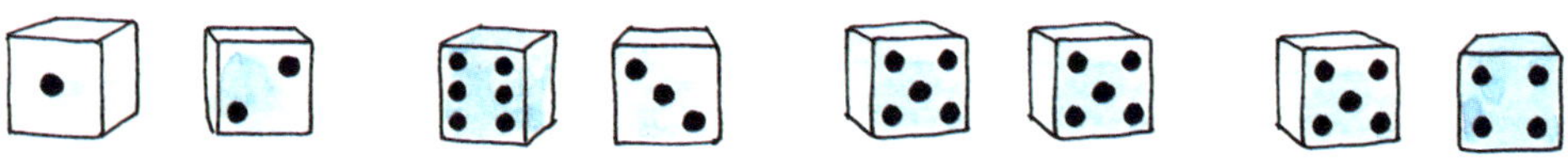

___ ◯ ___ ___ ◯ ___ ___ ◯ ___ ___ ◯ ___

# Zahlen vergleichen

**4** Setze die passenden Zeichen **<**, **>** oder **=** ein.

| | | |
|---|---|---|
| 8 < 9 | 10 ◯ 7 | 12 ◯ 12 |
| 5 ◯ 10 | 5 ◯ 15 | 19 ◯ 11 |
| 13 ◯ 17 | 20 ◯ 10 | 4 ◯ 14 |

**5** Male das Bild aus. Felder ohne Zahlen malst du hellblau aus.

- Zahlen größer als 13 und kleiner als 15
- Zahlen kleiner als 13
- Zahlen größer als 12, aber kleiner als 14
- Zahlen kleiner als 20, aber größer als 16
- Alle übrigen Felder

# Zahlen zerlegen

**1** Ergänze die Zahlen und male die fehlenden Kugeln dazu.

5

2 + 3

___ + ___

8

___ + ___

___ + ___

11

___ + ___

7 + ___

**2** Zusammen immer 7. Trage die Zahlen ein und ergänze die fehlenden Augenzahlen.

6 + 1

___ + ___

___ + ___

___ + ___

1 + ___

# Zahlen zerlegen

**3** Zusammen immer 9. Schreibe die Zerlegungen auf und zeichne die fehlenden Bonbons.

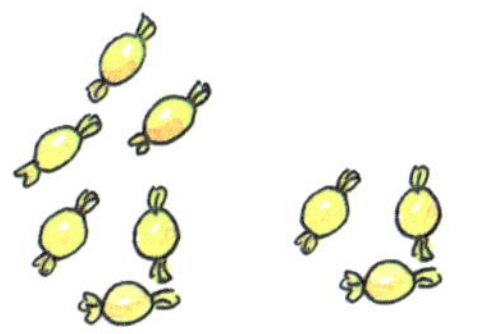

6 + 3

___ + ___

___ + ___

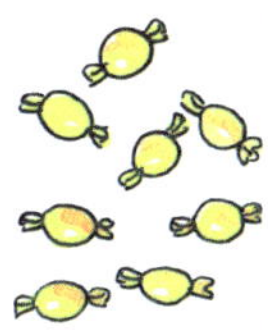

___ + ___

1 + ___

___ + 0

**4** Ergänze die Zahlenhäuser.

| 8 |
| --- |
| 3 + 5 |
| 4 + |
| + 2 |
| 7 + |

| 10 |
| --- |
| + 6 |
| 5 + |
| + 3 |
| 8 + |

| |
| --- |
| 10 + 4 |
| + 6 |
| 12 + |
| + 5 |

# Plusaufgaben rechnen

**1** Finde die passende Plusaufgabe und rechne aus.

1 + 3 = ____    ____    ____

**2** Schreibe die Plusaufgabe auf und male die Plättchen.

6 + ____ = ____      ____ + ____ = ____

7 + 2 = ____      1 + 8 = ____

**3** Rechne immer weiter.

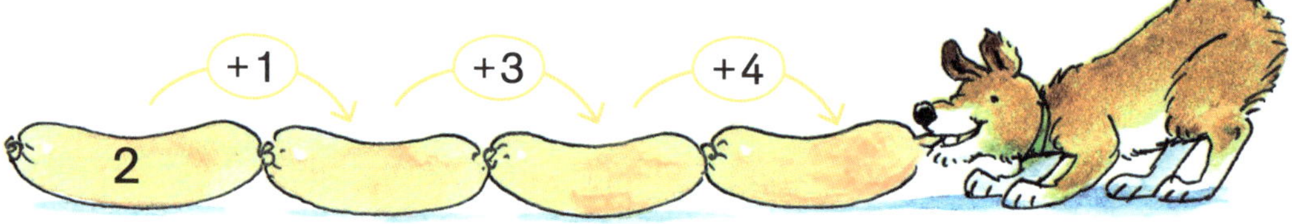

# Plusaufgaben rechnen

**4** Rechne die Plusaufgaben. Verbinde dann die Lösungszahlen der Reihe nach.

a) 3 + 2 = ____

b) 1 + 1 = ____

c) 4 + 2 = ____

d) 2 + 1 = ____

e) 6 + 1 = ____

f) 2 + 2 = ____

g) 1 + 8 = ____

h) 7 + 3 = ____

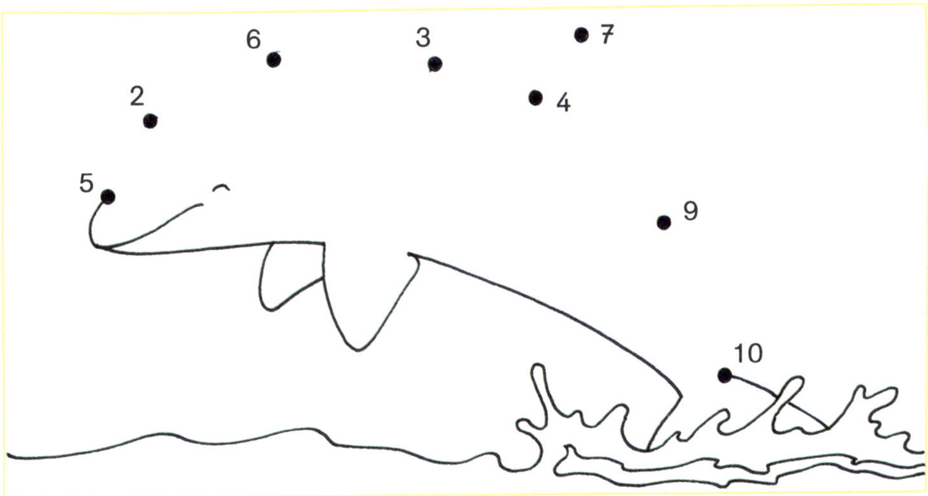


**5** Zähle die beiden Zahlen zusammen.

____ ____ ____

# Plusaufgaben rechnen

**6** Rechne aus. Was fällt dir auf?

5 + 5 = ____
4 + 6 = ____
3 + 7 = ____
2 + 8 = ____
1 + 9 = ____

Das Ergebnis ist immer:

- ☐ gleich
- ☐ 1 kleiner
- ☐ 1 größer

0 + 1 = ____
1 + 2 = ____
2 + 3 = ____
3 + 4 = ____
4 + 5 = ____

Das Ergebnis ist immer:

- ☐ gleich
- ☐ ____ kleiner
- ☐ ____ größer

**7** Rechne die Plusaufgaben.

2 + 2 = ____
1 + 6 = ____
1 + 3 = ____
2 + 5 = ____

5 + 1 = ____
2 + 6 = ____
3 + 3 = ____
7 + 1 = ____

# Tauschaufgaben bilden

**1** Löse die Tauschaufgaben und male die Ergebnisfelder grün aus.

1 + 2 = ___

2 + 1 = ___

1 + 4 = ___

___

3 + 6 = 9

6 + 3 = 9

3 + 5 = ___

___

2 + 4 = ___

___

1 + 3 = ___

___

3 + 4 = ___

___

4 + 5 = ___

___

1 + 9 = ___

___

# Minusaufgaben rechnen

**1** Finde die passende Minusaufgabe und rechne aus.

2 – 1 = ____    ____________

____________    ____________    ____________

**2** Vervollständige die Aufgaben. Ergänze die Rechenaufgabe oder die Plättchen.

6 – ____ = ____

____ – ____ = ____

6 – 2 = ____

9 – 8 = ____

# Minusaufgaben rechnen

**3** Rechne die Aufgaben am Zahlenstrahl und zeichne die Bögen ein.

5 − 4 = ____

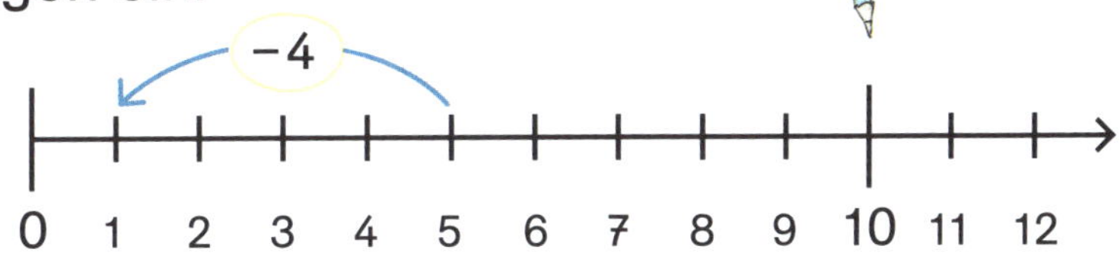


9 − 6 = ____

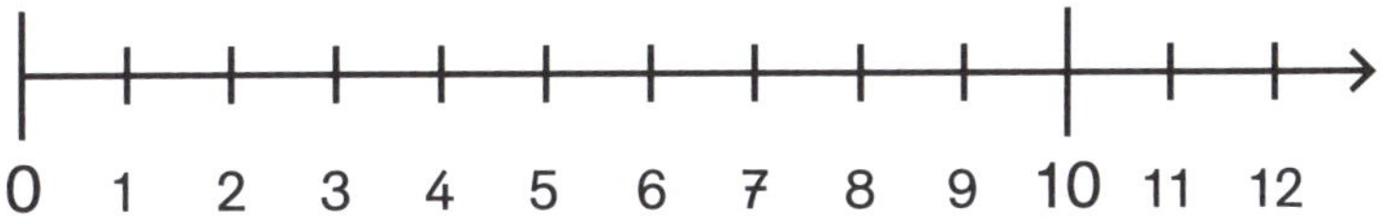


8 − 2 = ____

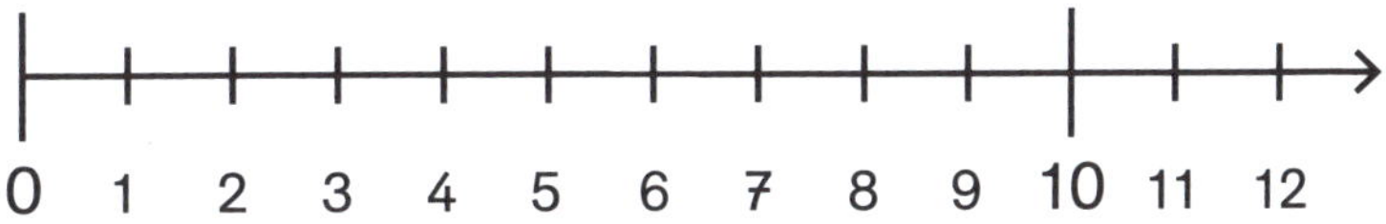


7 − 3 = ____

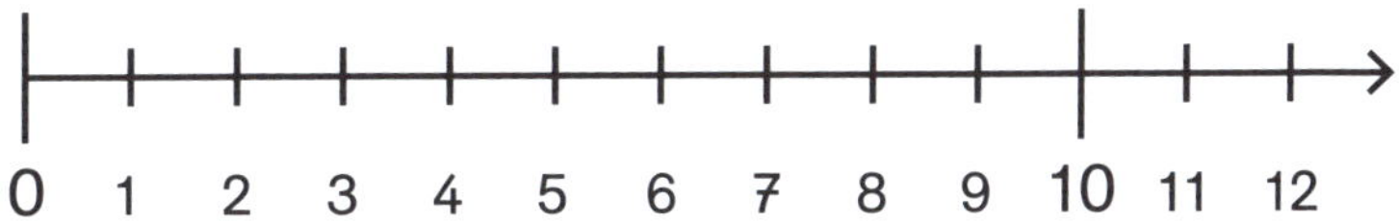


**4** Rechne die Minusaufgaben.

| | | |
|---|---|---|
| 2 − 1 = ____ | 5 − 3 = ____ | 4 − 3 = ____ |
| 6 − 2 = ____ | 3 − 1 = ____ | 7 − 2 = ____ |
| 8 − 5 = ____ | 9 − 6 = ____ | 8 − 1 = ____ |
| 9 − 1 = ____ | 10 − 3 = ____ | 7 − 6 = ____ |
| 9 − 7 = ____ | 8 − 4 = ____ | 10 − 2 = ____ |

# Minusaufgaben rechnen

**5** Bilde alle Minusaufgaben aus drei Zahlen.

**6** Setze die Reihen mit Minusaufgaben fort. Was fällt dir auf?

6 − 1 = ___
6 − 2 = ___
6 − 3 = ___
6 − 4 = ___

6 − 4 = ___
5 − 3 = ___
4 − 2 = ___
3 − 1 = ___

Das Ergebnis ist immer:

- ☐ gleich
- ☐ 1 kleiner
- ☐ 1 größer

Das Ergebnis ist immer:

- ☐ gleich
- ☐ ___ kleiner
- ☐ ___ größer

# Umkehraufgaben bilden

**1** Verbinde jede Aufgabe mit der passenden Umkehraufgabe und rechne aus.

| | |
|---|---|
| 2 + 5 = ____ | 5 + 5 = ____ |
| 10 − 5 = ____ | 7 − 5 = ____ |
| 8 − 4 = ____ | 9 − 4 = ____ |
| 5 + 4 = ____ | 4 + 4 = ____ |

**2** Rechne die Aufgaben. Überprüfe dein Ergebnis mit der Umkehraufgabe.

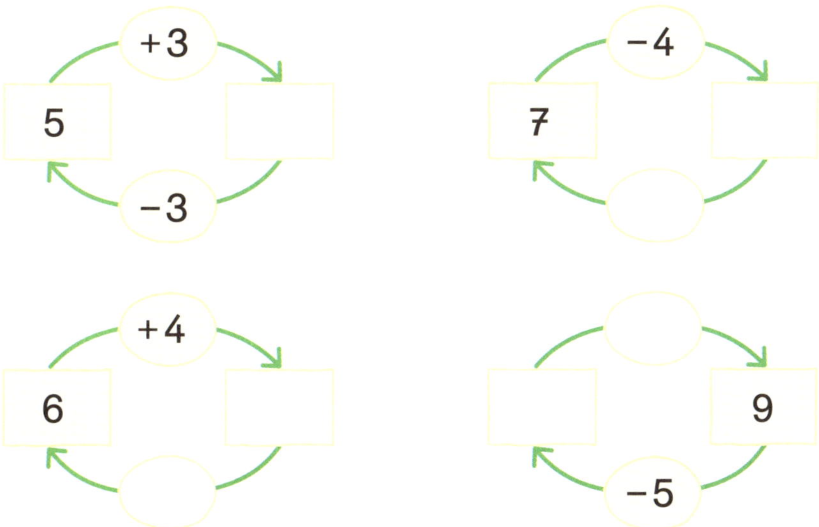

# Umkehraufgaben bilden

**3** Rechne die Aufgaben. Überprüfe dein Ergebnis mit der Umkehraufgabe.

1 + 5 = 6
6 − 5 = ______

9 − 8 = ______
______________

9 − 7 = ______
______________

4 − 2 = ______
______________

10 − 1 = ______
______________

4 + 5 = ______
______________

6 − 4 = ______
______________

10 − 7 = ______
______________

# Platzhalteraufgaben rechnen

**1** Immer 10 Eier passen in einen Karton. Schreibe die Plusaufgaben und ergänze die fehlenden Eier.

6 + ___ = 10 3 + ___ = 10 ___ + ___ = 10

**2** Ergänze die fehlenden Zahlen. Rechne immer von außen nach innen.

3 + ___

1 + ___

6

4 + ___

9 − ___

7 − ___

**3** Löse die Aufgaben.

5 + ___ = 10 3 + ___ = 9 2 + ___ = 8

1 + ___ = 7 4 + ___ = 7 3 + ___ = 6

10 − ___ = 6 8 − ___ = 3 7 − ___ = 5

# Analogieaufgaben anwenden

**1** Welcher Hund frisst welchen Knochen? Verbinde die verwandten Aufgaben und rechne aus.

15 + 3 = ?
5 + 3 = 8
15 + 3 = 18

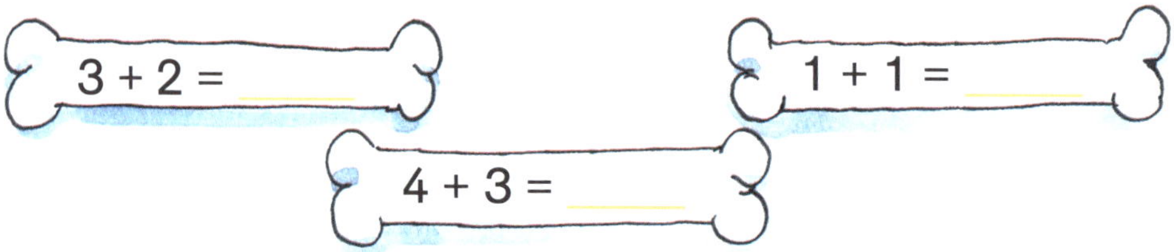


**2** Welche Aufgaben gehören hier zusammen? Verbinde sie.

16 + 4 = ____

7 – 5 = ____

4 – 3 = ____

6 + 4 = ____

17 – 5 = ____

14 – 3 = ____

# Analogieaufgaben anwenden

**3** Löse zuerst die einfache Aufgabe.

12 + 4 = 16　　16 + 2 = ____　　12 − 1 = ____

2 + 4 = 6　　6 + 2 = ____　　____

11 + 3 = ____　　15 − 3 = ____　　15 + 5 = ____

____　　____　　____

15 + 4 = ____

____

17 − 4 = ____

____

19 − 4 = ____　　13 + 4 = ____　　14 − 3 = ____

____　　____　　____

19 − 7 = ____　　18 − 5 = ____　　13 + 7 = ____

____　　____　　____

# Nachbaraufgaben rechnen

Mit ein bisschen Übung schaffst du das in Nullkommanix.

**1** Finde die Nachbaraufgaben.
Rechne.

2 + 6 = ___

3 + 5 = ___ | 3 + 6 = ___ | 3 + 7 = ___

4 + 6 = ___

12 + 2 = ___

___ | 13 + 2 = ___ | 13 + 3 = ___

___

7 – 3 = ___

8 – 2 = ___ | 8 – 3 = ___ | 8 – 4 = ___

9 – 3 = ___

14 – 2 = ___

15 – 1 = ___ | 15 – 2 = ___ | 15 – 3 = ___

16 – 2 = ___

# Plus- und Minusaufgaben rechnen

**1** Finde die passende Plus- oder Minusaufgabe und rechne aus.

**2** Welcher Ball trifft welches Tor? Verbinde die Aufgaben mit dem passenden Ergebnis.

0 + 4

9 – 4

6 – 1

7 – 2

5 + 0

7 – 3

1 + 3

7 – 0

10 – 6

2 + 5

# Plus- und Minusaufgaben rechnen

**3** Rechne die Aufgaben und male die Ergebniszahlen im Bild entsprechend aus.

| | | |
|---|---|---|
| 8 − 4 = 4 | 1 + 0 = ___ | 6 − 1 = ___ |
| 0 + 3 = ___ | 10 − 8 = ___ | 3 + 3 = ___ |
| 6 − 6 = ___ | 3 − 0 = ___ | 3 + 5 = ___ |
| 4 − 2 = ___ | 8 + 1 = ___ | 1 + 9 = ___ |
| 7 − 0 = ___ | 9 + 1 = ___ | 10 − 2 = ___ |
| 9 − 2 = ___ | 1 + 7 = ___ | 3 + 6 = ___ |

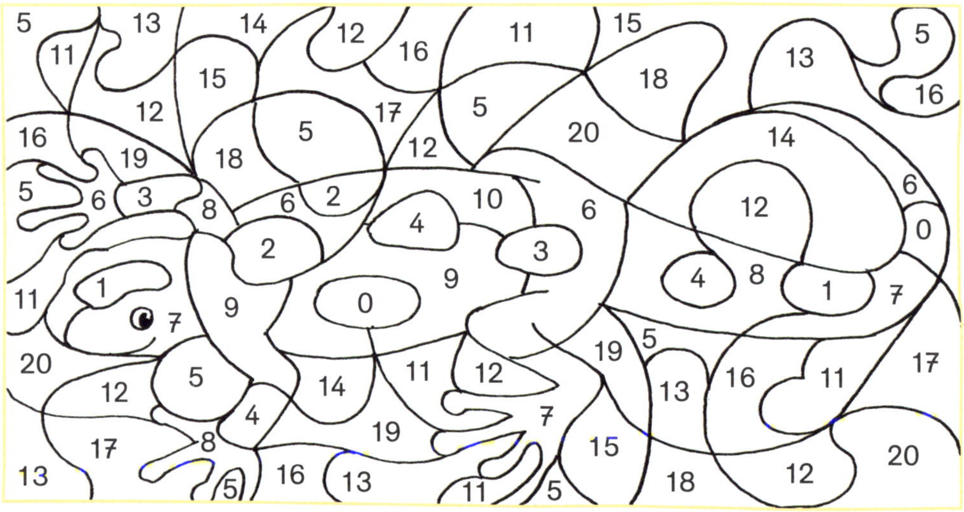

- (gelb) Zahlen kleiner als 5
- (schwarz) Zahlen größer als 5, aber kleiner als 11
- (grün) alle anderen Zahlen

Plus 0 oder minus 0 – die Zahl bleibt immer gleich!

# Plus- und Minusaufgaben rechnen

**4** Bilde alle Plus- und Minusaufgaben.

**5** Folge den Seerosenblättern, bis du am Ziel bist.
Trage alle Zwischenergebnisse ein.

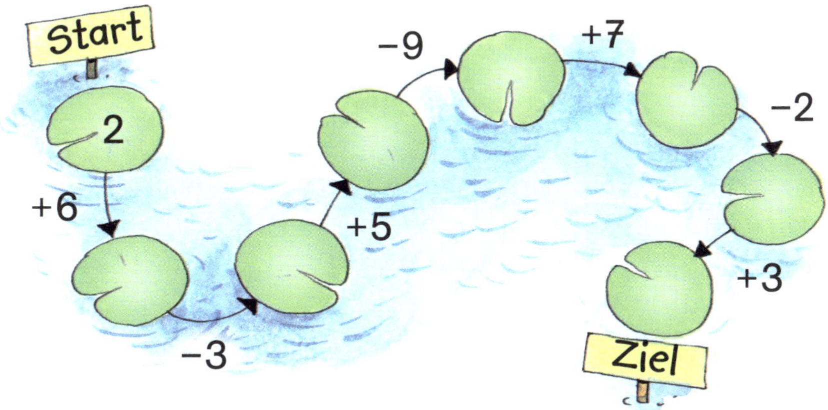

# Plus- und Minusaufgaben rechnen

**6** Plus (+) oder minus (–)? Setze das richtige Zeichen ein.

| | | |
|---|---|---|
| 2 ◯ 7 = 9 | 8 ◯ 4 = 4 | 10 ◯ 9 = 1 |
| 12 ◯ 2 = 14 | 12 ◯ 2 = 10 | 9 ◯ 9 = 0 |
| 17 ◯ 6 = 11 | 13 ◯ 7 = 20 | 15 ◯ 2 = 13 |

**7** Welche Zahl musst du noch ergänzen, damit das Ergebnis 10 ist?

2 + 4 + ____ = 10 2 + 8 + ____ = 10

15 – 3 – ____ = 10 20 – 5 – ____ = 10

**8** Löse die Aufgaben in den Tabellen.

| + | 4 | 2 | |
|---|---|---|---|
| 6 | | | 9 |
| 5 | | | |
| 11 | | | |

| – | 7 | | 4 |
|---|---|---|---|
| 10 | 3 | 5 | |
| 7 | | | |
| 18 | | | |

# Plus- und Minusaufgaben rechnen

**9** Setze die fehlenden Zahlen in die Steine ein.

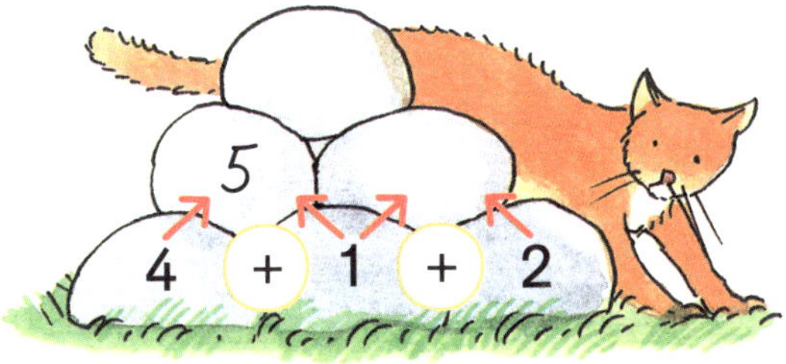

**10** Ergänze die fehlenden Zahlen.

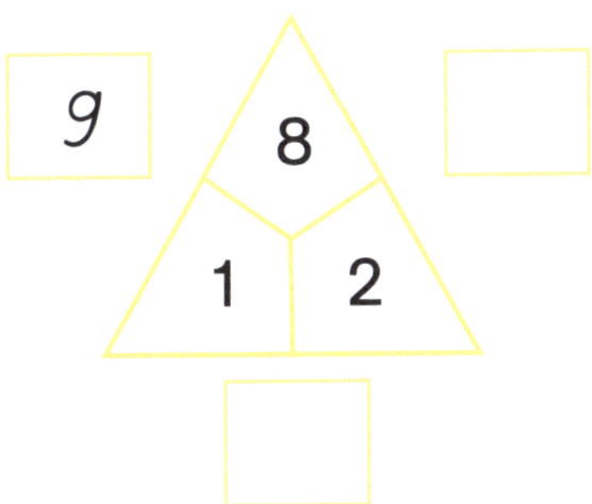


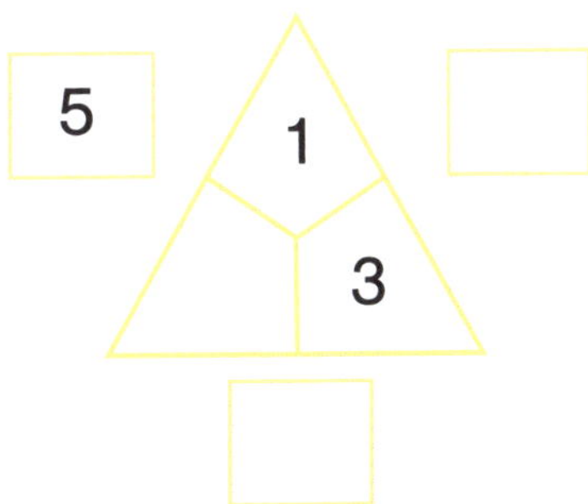


**11** Ergänze die fehlenden Zahlen. Rechne von außen nach innen.

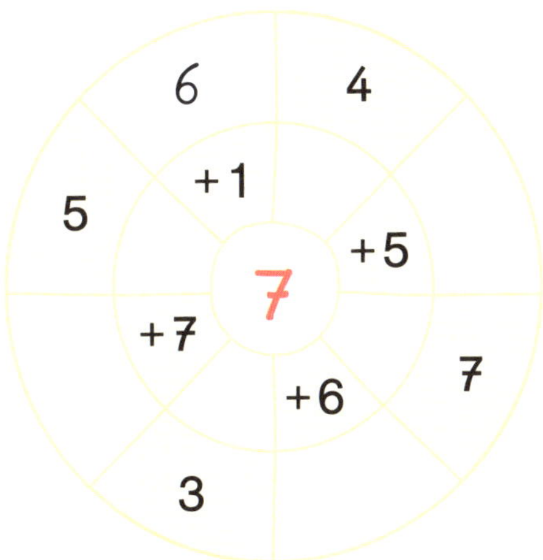


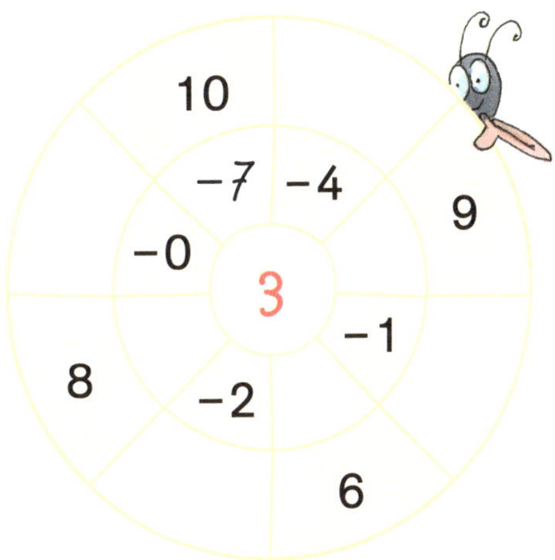

3
Auf die Plätze,
fertig, kleben!
Hier geht es los.
Hurra,
jetzt bist
du fit!

# Fit fürs...
# Rechnen bis 20

## Mein Übungsheft

**1. Klasse**

Lösungsheft

# Lösungen:

## Seite 4

1  3 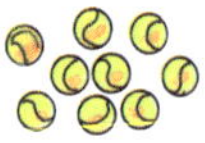 9  6

2 

| 3 | 7 | 4 | 8 | 5 |
|---|---|---|---|---|

## Seite 5

3 Diese Zahlen trägst du ein: 8, 15, 17.

4 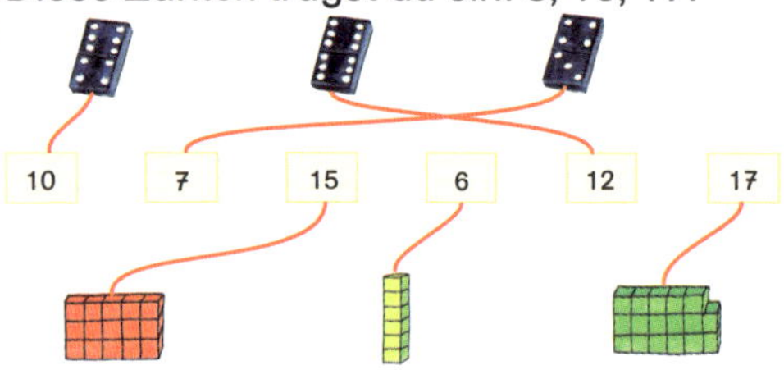


5 

## Seite 6

1 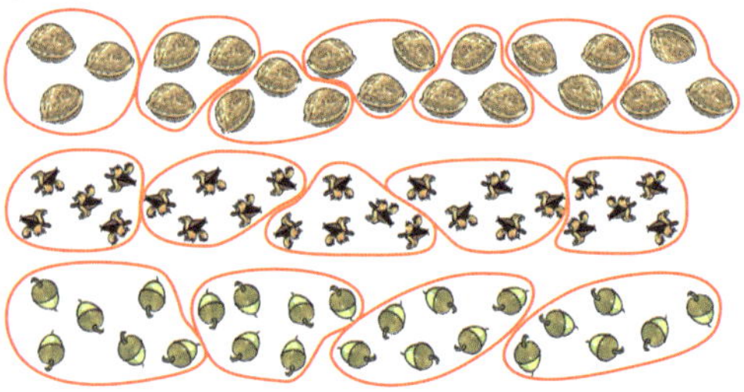

2 1Z 5E → 15
1Z 9E → 19

## Seite 7

1 13, 16, 18;

| Z | E |
|---|---|
| 1 | 4 |

| Z | E |
|---|---|
| 1 | 9 |

| Z | E |
|---|---|
| 1 | 0 |

2

| Z | E |
|---|---|
| 1 | 5 |

15

| Z | E |
|---|---|
| 1 | 8 |

18

## Seite 8

1 Diese Zahlen fehlen: 4; 5, 7; 8, 10

2 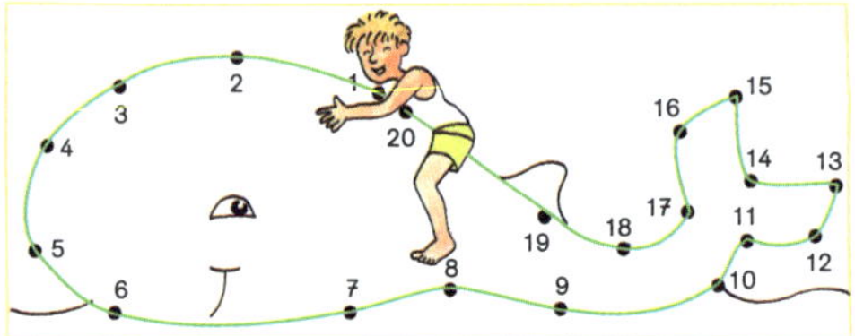

3 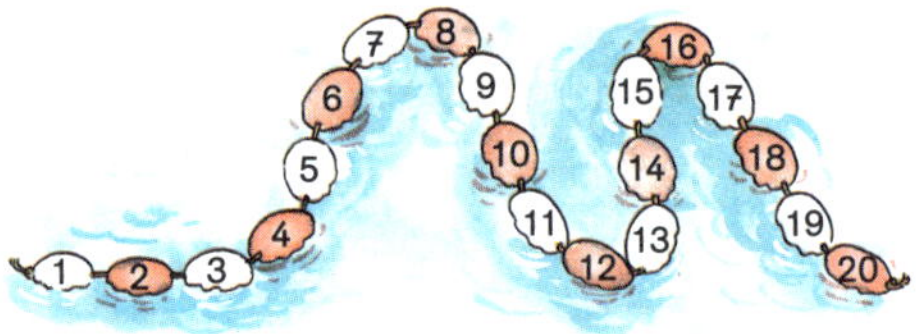

## Seite 9

4 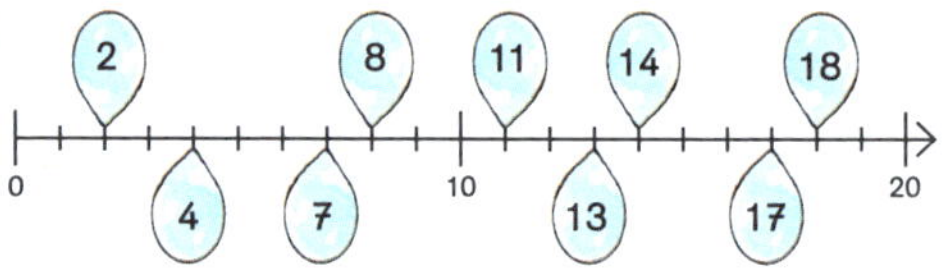


5 

Die 3. und 10. Hose sind gelb.

6 Die Bahnen von oben nach unten gesehen: 2., 1., 4., 3.

## Seite 10

1 3 < 4 7 > 5

2 3 > 2 4 = 4 5 < 6

3 1 < 2 6 > 3 5 = 5 5 > 4

## Seite 11

4 8 < 9 10 > 7 12 = 12
5 < 10 5 < 15 19 > 11
13 < 17 20 > 10 4 < 14

5 

## Seite 12

1 

2 + 3 1 + 4

4 + 4 1 + 7

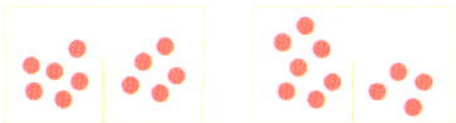

6 + 5 7 + 4

2 

6 + 1 4 + 3 5 + 2

3 + 4 1 + 6

## Seite 13

3 2 + 7 4 + 5 8 + 1 1 + 8 9 + 0

4 

## Seite 14

1 1 + 3 = 4 2 + 3 = 5 5 + 3 = 8

2 6 + 2 = 8 3 + 4 = 7

7 + 2 = 9 1 + 8 = 9

3 2 + 1 = 3 3 + 3 = 6 6 + 4 = 10

## Seite 15

4 a) 3 + 2 = 5 d) 2 + 1 = 3 g) 1 + 8 = 9

b) 1 + 1 = 2 e) 6 + 1 = 7 h) 7 + 3 = 10

c) 4 + 2 = 6 f) 2 + 2 = 4

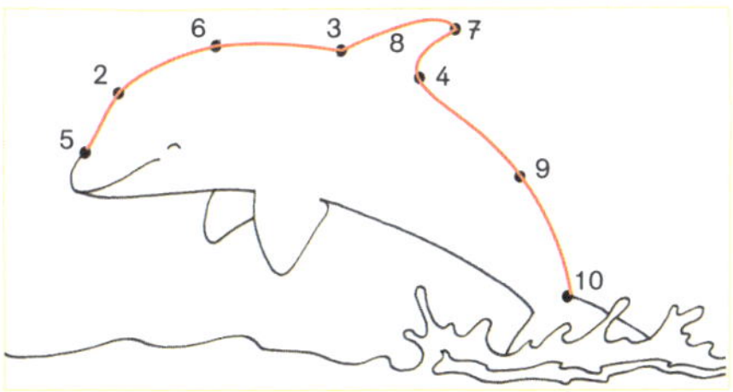


5 9 + 1 = 10 4 + 6 = 10 2 + 5 = 7

## Seite 16

6 5 + 5 = 10 4 + 6 = 10 3 + 7 = 10

2 + 8 = 10 1 + 9 = 10

Das Ergebnis ist immer gleich.

0 + 1 = 1 1 + 2 = 3 2 + 3 = 5

3 + 4 = 7 4 + 5 = 9

Das Ergebnis ist immer 2 größer.

7 2 + 2 = 4 5 + 1 = 6

1 + 6 = 7 2 + 6 = 8

1 + 3 = 4 3 + 3 = 6

2 + 5 = 7 7 + 1 = 8

## Seite 17

1 1 + 2 = 3 1 + 4 = 5 3 + 5 = 8 2 + 4 = 6

2 + 1 = 3 4 + 1 = 5 5 + 3 = 8 4 + 2 = 6

1 + 3 = 4 3 + 4 = 7 4 + 5 = 9 1 + 9 = 10

3 + 1 = 4 4 + 3 = 7 5 + 4 = 9 9 + 1 = 10

## Seite 18

1 2 − 1 = 1 4 − 3 = 1

5 − 2 = 3 6 − 3 = 3 7 − 2 = 5

2 6 − 4 = 2 10 − 7 = 3

6 − 2 = 4 9 − 8 = 1

## Seite 19

3 5 − 4 = 1

9 − 6 = 3

8 − 2 = 6

7 − 3 = 4

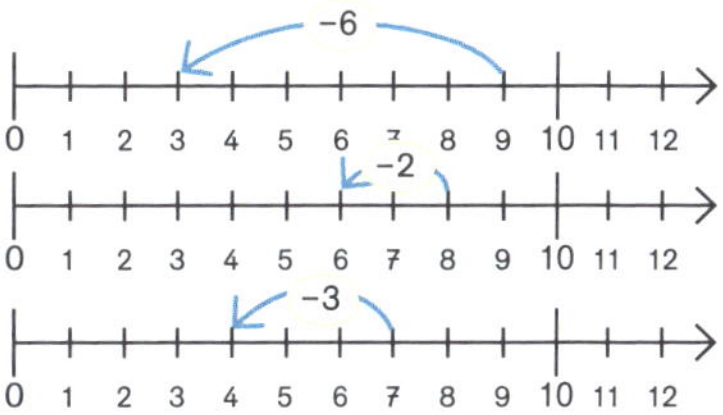

4 2 − 1 = 1    5 − 3 = 2    4 − 3 = 1
6 − 2 = 4    3 − 1 = 2    7 − 2 = 5
8 − 5 = 3    9 − 6 = 3    8 − 1 = 7
9 − 1 = 8    10 − 3 = 7    7 − 6 = 1
9 − 7 = 2    8 − 4 = 4    10 − 2 = 8

## Seite 20

5 9 − 4 = 5    6 − 2 = 4    8 − 3 = 5
9 − 5 = 4    6 − 4 = 2    8 − 5 = 3
6 6 − 1 = 5    6 − 2 = 4    6 − 3 = 3
6 − 4 = 2
Das Ergebnis ist immer 1 kleiner.
6 − 4 = 2    5 − 3 = 2    4 − 2 = 2
3 − 1 = 2
Das Ergebnis ist immer gleich.

## Seite 21

1
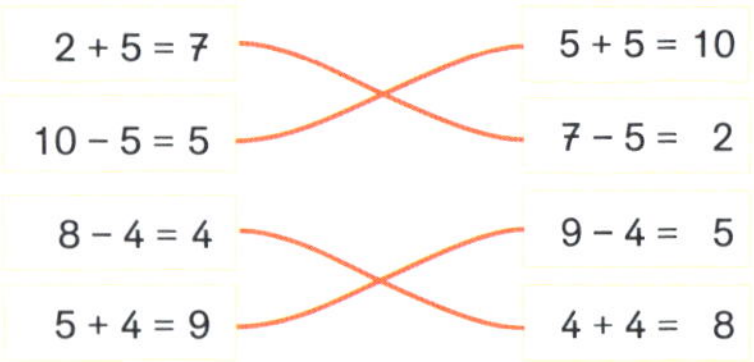


2
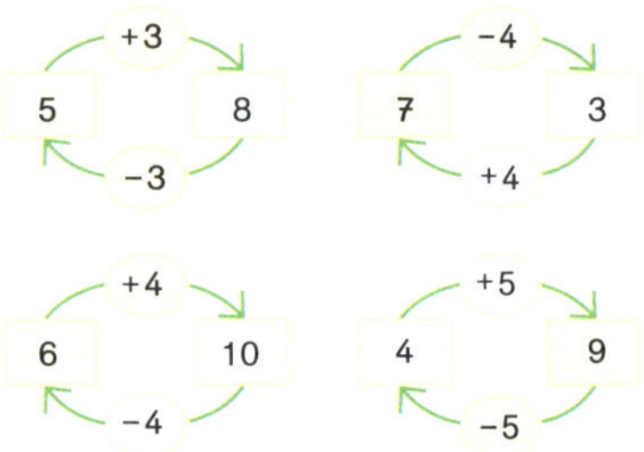


## Seite 22

3 1 + 5 = 6    10 − 1 = 9    9 − 8 = 1    4 + 5 = 9
6 − 5 = 1    9 + 1 = 10    1 + 8 = 9    9 − 5 = 4
9 − 7 = 2    6 − 4 = 2    4 − 2 = 2    10 − 7 = 3
2 + 7 = 9    2 + 4 = 6    2 + 2 = 4    3 + 7 = 10

## Seite 23

1 6 + 4 = 10    3 + 7 = 10    5 + 5 = 10
2 1 + 5 = 6    3 + 3 = 6    4 + 2 = 6
7 − 1 = 6    9 − 3 = 6
3 5 + 5 = 10    3 + 6 = 9    2 + 6 = 8
1 + 6 = 7    4 + 3 = 7    3 + 3 = 6
10 − 4 = 6    8 − 5 = 3    7 − 2 = 5

## Seite 24

1 11 + 1 = 12 (1 + 1 = 2)
13 + 2 = 15 (3 + 2 = 5)
14 + 3 = 17 (4 + 3 = 7)

2
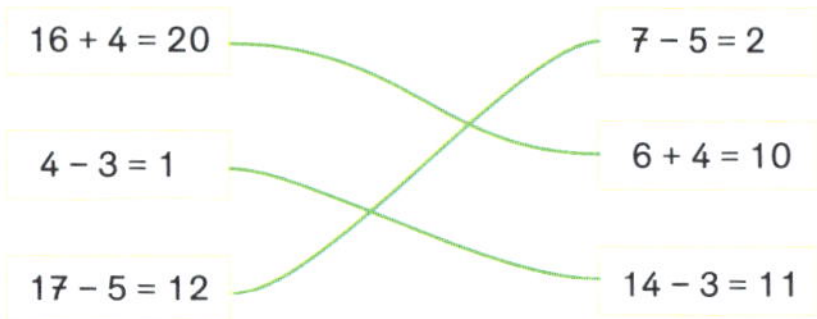


## Seite 25

3 12 + 4 = 16    16 + 2 = 18    12 − 1 = 11
2 + 4 = 6    6 + 2 = 8    2 − 1 = 1
11 + 3 = 14    15 − 3 = 12    15 + 5 = 20
1 + 3 = 4    5 − 3 = 2    5 + 5 = 10
15 + 4 = 19
5 + 4 = 9
17 − 4 = 13
7 − 4 = 3
19 − 4 = 15    13 + 4 = 17    14 − 3 = 11
9 − 4 = 5    3 + 4 = 7    4 − 3 = 1
19 − 7 = 12    18 − 5 = 13    13 + 7 = 20
9 − 7 = 2    8 − 5 = 3    3 + 7 = 10

## Seite 26

1
2 + 6 = 8
3 + 5 = 8    3 + 6 = 9    3 + 7 = 10
4 + 6 = 10

12 + 2 = 14
13 + 1 = 14    13 + 2 = 15    13 + 3 = 16
14 + 2 = 16

7 − 3 = 4
8 − 2 = 6    8 − 3 = 5    8 − 4 = 4
9 − 3 = 6

14 − 2 = 12
15 − 1 = 14    15 − 2 = 13    15 − 3 = 12
16 − 2 = 14

## Seite 27

1 6 − 3 = 3    5 + 2 = 7    3 − 2 = 1

Fit für die Schule

# Schlau mit Spaß!

**Lernen und verstehen**
Alle wichtigen Lernthemen
gut erklärt und durch
Übungen vertieft

**Mein Übungsheft**
Vielfältige Übungen
zu allen wichtigen
Lernthemen

**Mein 5-Minuten-Block**
Kleine Übungseinheiten
für zwischendurch

Erhältlich überall, wo es
Bücher gibt, und unter
**www.tessloff.com**

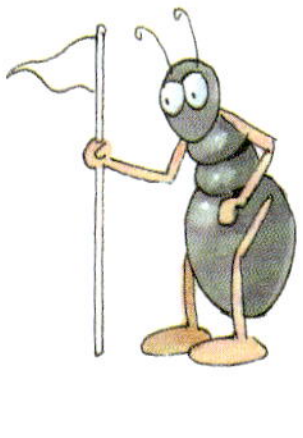

# Mein Übungsheft

Jedes Heft: € [D] 8,00 / € [A] 8,30

ISBN: 978-3-7886-2503-0

ISBN: 978-3-7886-2500-9

ISBN: 978-3-7886-2476-7

ISBN: 978-3-7886-2477-4

ISBN: 978-3-7886-2502-3

ISBN: 978-3-7886-2501-6

ISBN: 978-3-7886-2478-1

ISBN: 978-3-7886-2479-8

ISBN 978-3-7886-2480-4

ISBN 978-3-7886-2481-1

ISBN 978-3-7886-2482-8

ISBN 978-3-7886-2483-5

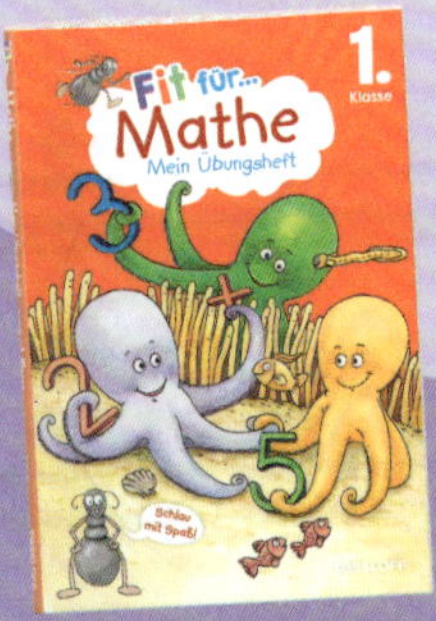

ISBN 978-3-7886-2484-2

ISBN 978-3-7886-2485-9

ISBN 978-3-7886-2486-6

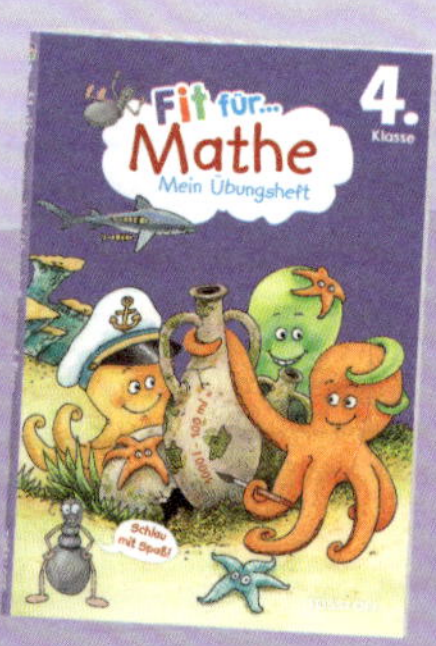

ISBN 978-3-7886-2487-3

2 **4**: 0 + 4, 10 − 6, 7 − 3, 1 + 3
**7**: 2 + 5, 7 − 0
**5**: 9 − 4, 5 + 0, 6 − 1, 7 − 2

## Seite 28

3

| | | |
|---|---|---|
| 8 − 4 = 4 | 1 + 0 = 1 | 6 − 1 = 5 |
| 0 + 3 = 3 | 10 − 8 = 2 | 3 + 3 = 6 |
| 6 − 6 = 0 | 3 − 0 = 3 | 3 + 5 = 8 |
| 4 − 2 = 2 | 8 + 1 = 9 | 1 + 9 = 10 |
| 7 − 0 = 7 | 9 + 1 = 10 | 10 − 2 = 8 |
| 9 − 2 = 7 | 1 + 7 = 8 | 3 + 6 = 9 |

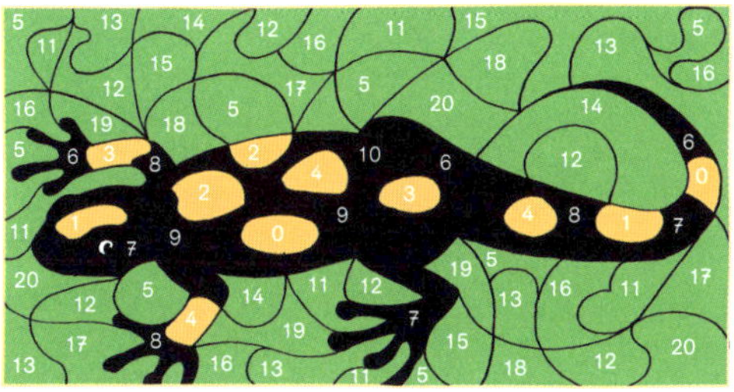

## Seite 29

4

| | | |
|---|---|---|
| 3 + 5 = 8 | 5 + 10 = 15 | 2 + 7 = 9 |
| 5 + 3 = 8 | 10 + 5 = 15 | 7 + 2 = 9 |
| 8 − 3 = 5 | 15 − 5 = 10 | 9 − 2 = 7 |
| 8 − 5 = 3 | 15 − 10 = 5 | 9 − 7 = 2 |

5

| | | |
|---|---|---|
| 2 + 6 = 8 | 8 − 3 = 5 | 5 + 5 = 10 |
| 10 − 9 = 1 | 1 + 7 = 8 | 8 − 2 = 6 |
| 6 + 3 = 9 | | |

## Seite 30

6

| | | |
|---|---|---|
| 2 + 7 = 9 | 8 − 4 = 4 | 10 − 9 = 1 |
| 12 + 2 = 14 | 12 − 2 = 10 | 9 − 9 = 0 |
| 17 − 6 = 11 | 13 + 7 = 20 | 15 − 2 = 13 |

7 2 + 4 + 4 = 10   2 + 8 + 0 = 10
15 − 3 − 2 = 10   20 − 5 − 5 = 10

8

| + | 4 | 2 | 3 |
|---|---|---|---|
| 6 | 10 | 8 | 9 |
| 5 | 9 | 7 | 8 |
| 11 | 15 | 13 | 14 |

| − | 7 | 5 | 4 |
|---|---|---|---|
| 10 | 3 | 5 | 6 |
| 7 | 0 | 2 | 3 |
| 18 | 11 | 13 | 14 |

## Seite 31

9

10

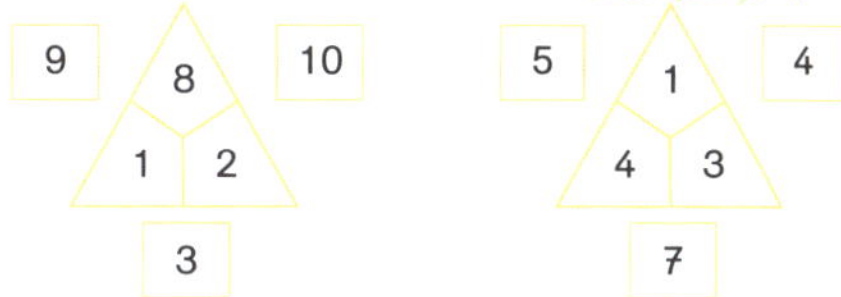


11

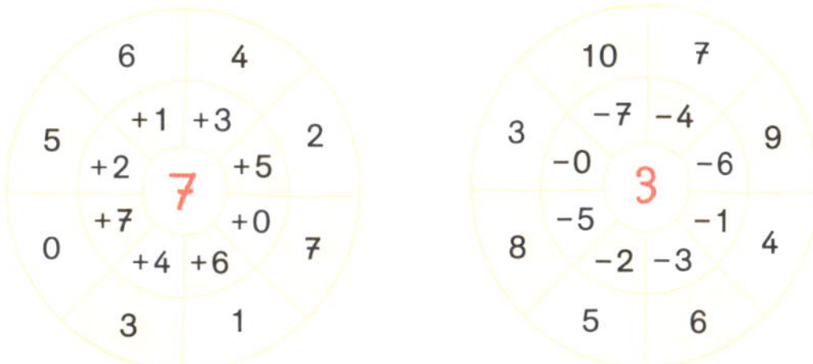


## Seite 34

1 4 + 6, 9 + 1, 5 + 5, 1 + 9, 8 + 2
2 + 8, 6 + 4, 3 + 7, 10 + 0, 7 + 3

2

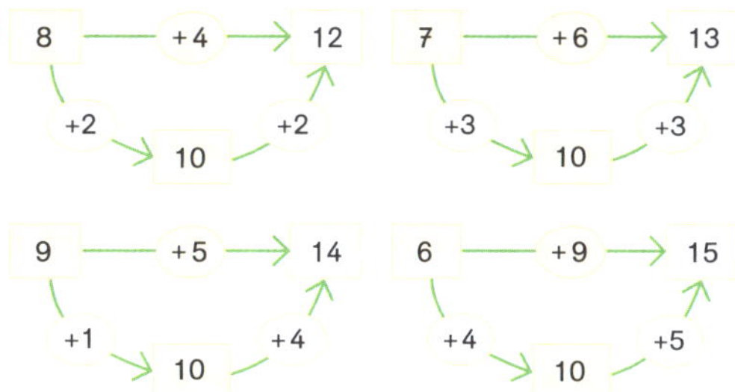


## Seite 35

3 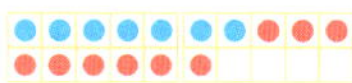 7 + 9 = 16 (7 + 3 + 6 = 16)

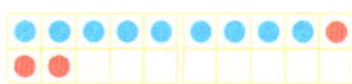 9 + 3 = 12 (9 + 1 + 2 = 12)

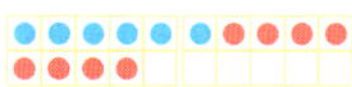 6 + 8 = 14 (6 + 4 + 4 = 14)

4 5 + 8 = 13
5 + 5 + 3 = 13

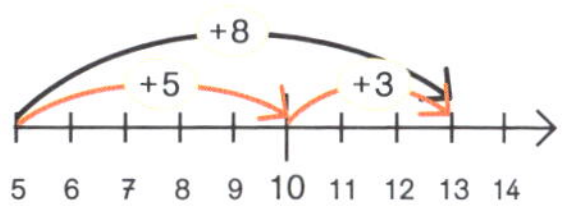


7 + 6 = 13
7 + 3 + 3 = 13

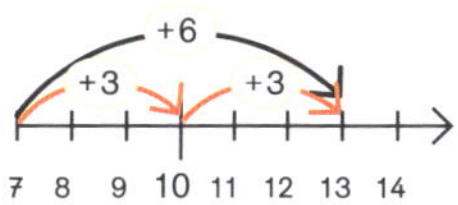

## Seite 36

5

## Seite 37

6 7 + 4 = 11   3 + 9 = 12
4 + 7 = 11   9 + 3 = 12

7 4 + 4 = 8   8 + 5 = 13   13 + 3 = 16

8

| + | 9 | 7 | 6 |
|---|---|---|---|
| 9 | 18 | 16 | 15 |
| 5 | 14 | 12 | 11 |
| 6 | 15 | 13 | 12 |

| + | 14 | 10 | 8 |
|---|---|---|---|
| 2 | 16 | 12 | 10 |
| 4 | 18 | 14 | 12 |
| 5 | 19 | 15 | 13 |

## Seite 38

1 11 − 1   19 − 9   15 − 5   17 − 7
12 − 2   20 − 10   14 − 4   13 − 3
18 − 8

2

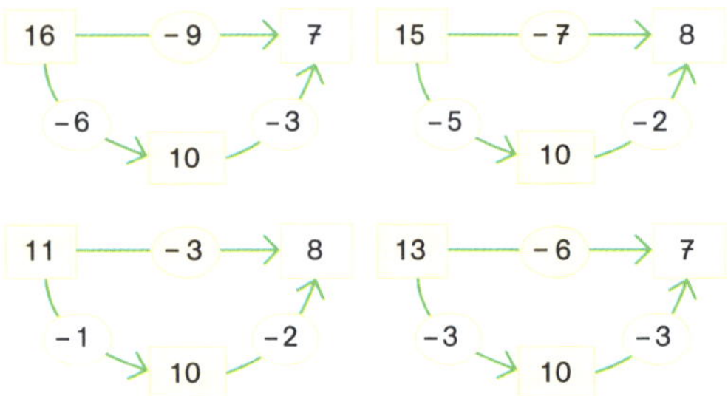


## Seite 39

3

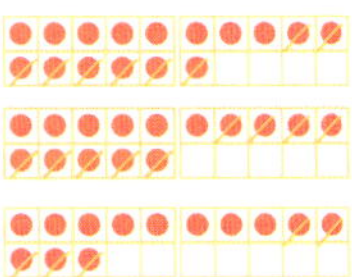

16 − 8 = 8 (16 − 6 − 2 = 8)

15 − 9 = 6 (15 − 5 − 4 = 6)

13 − 5 = 8 (13 − 3 − 2 = 8)

4 14 − 8 = 6
14 − 4 − 4 = 6

12 − 5 = 7
12 − 2 − 3 = 7

13 − 4 = 9
13 − 3 − 1 = 9

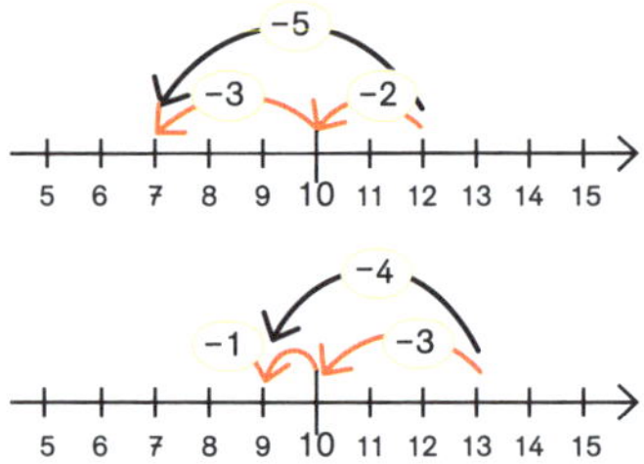


## Seite 40

5 Lösungswort: FABELHAFT

## Seite 41

6 15 − 2 = 13   12 − 4 = 8
15 − 4 = 11   14 − 5 = 9
15 − 6 = 9   16 − 6 = 10
15 − 8 = 7   18 − 7 = 11
15 − 10 = 5   20 − 8 = 12

7 20 − 1 = 19   19 − 5 = 14   14 − 6 = 8
8 − 4 = 4   4 − 3 = 1

8

| − | 7 | 8 | 9 |
|---|---|---|---|
| 11 | 4 | 3 | 2 |
| 12 | 5 | 4 | 3 |
| 14 | 7 | 6 | 5 |

| − | 7 | 8 | 6 |
|---|---|---|---|
| 17 | 10 | 9 | 11 |
| 13 | 6 | 5 | 7 |
| 15 | 8 | 7 | 9 |

## Seite 42

1 **6**: 12 − 6, 14 − 8, 16 − 10
**8**: 20 − 12, 12 − 4
**13**: 20 − 7, 8 + 5, 9 + 4

## Seite 43

2 13 − 4 = 9   12 − 5 = 7   9 + 9 = 18
18 − 2 = 16   8 + 6 = 14   11 − 4 = 7
10 + 3 = 13   12 + 3 = 15   19 − 9 = 10

3

## Seite 44

4 Ergebnisse von oben nach unten (blaue Felder): 4, 14, 10, 11, 13, 16, 12, 15, 3, 7, 9, 18

## Seite 45

| | | | |
|---|---|---|---|
| 5 | 5 + 9 = 14 | 7 + 4 = 11 | 8 + 5 = 13 |
| | 9 + 5 = 14 | 4 + 7 = 11 | 5 + 8 = 13 |
| | 14 − 9 = 5 | 11 − 4 = 7 | 13 − 5 = 8 |
| | 14 − 5 = 9 | 11 − 7 = 4 | 13 − 8 = 5 |
| 6 | 13 − 4 = 9 | 8 + 4 = 12 | 7 + 8 = 15 |
| | 7 + 7 = 14 | 18 − 8 = 10 | 5 + 8 = 13 |
| | 14 − 6 = 8 | 9 + 2 = 11 | 16 − 9 = 7 |
| | 7 + 6 = 13 | 12 − 5 = 7 | 14 − 7 = 7 |
| | 13 − 8 = 5 | 10 + 7 = 17 | 15 − 5 = 10 |
| | 16 − 7 = 9 | 9 + 5 = 14 | 17 − 9 = 8 |

## Seite 46

7

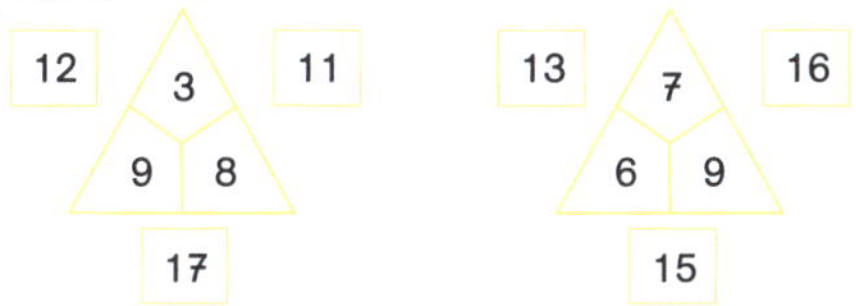


6

## Seite 47

1 3 + 3 = 6 4 + 4 = 8 6 + 6 = 12

2 6 Karotten: Jeder Hase bekommt 3 Karotten.
8 Käsestücke: Jede Maus bekommt 4 Stücke.

## Seite 48

3 2, 10, 4, 20, 16, 14, 8, 12, 18

4 Diese Zahlen kannst du halbieren: 2, 4, 6, 8, 10, 12, 14, 16, 18, 20

5 4 + 4 = 8 12 − 6 = 6

## Seite 49

1 9 + 5 = 14
10 + 5 = 15
Nachbaraufgabe
1 + 8 = 9
8 + 1 = 9
Tauschaufgabe

2 18 − 6 = 12
8 − 6 = 2
verwandte Aufgabe
17 − 9 = 9
17 − 7 − 2 = 8
zuerst zurück bis zur 10

## Seite 50

3 zuerst bis zur 10: 4 + 6 + 2 = 12
Tauschaufgabe: 8 + 4 = 12
verwandte Aufgabe: 16 − 5 = 6 − 5 = 1
Nachbaraufgabe: 16 − 5 = 15 − 5 = 10

## Seite 51

1

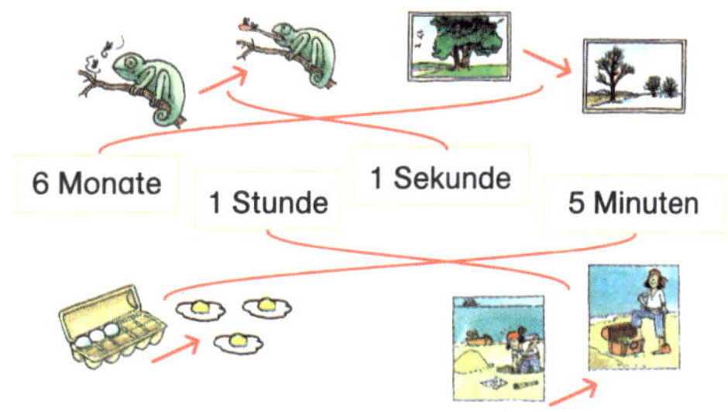


2 0 + 7 = 7  8 + 2 = 10 

## Seite 52

3 7 + 13 = 20 Am 28. März scheint die Sonne 13 Stunden.
8 + 8 = 16 Am 2. Dezember scheint die Sonne 8 Stunden.

## Seite 53

| | | | |
|---|---|---|---|
| 1 | 2 € > 1 € | 20 ct < 50 ct | 1 € > 1 ct |
| | 10 ct = 10 ct | 50 ct < 2 € | 5 ct < 50 ct |
| | 20 € > 10 € | 5 € = 5 € | 5 € < 10 € |
| | 10 € < 20 € | | |
| 2 | 11 € | 13 € | 12 € |

3 11 € < 12 € < 13 €

## Seite 54

4 **6 €:** Schein → 5 €; Münze → 1 €
(5 + 1 = 6)
**12 €**: Schein → 10 €; Münze → 2 €
(10 + 2 = 12)

5 2 € + 2 € + 2 € + 2 € + 2 € = 10 €
2 € + 2 € + 1 € + 1 € + 1 € + 1 € + 5 € = 13 €

## Seite 55

1 5 ct + 5 ct = 10 ct
3 € − 1 € = 2 €
3 € + 1 € = 4 €
8 ct − 2 ct = 6 ct

2 8 € + 7 € = 15 €
12 € + 5 € = 17 €
14 ct + 6 ct = 20 ct
7 ct + 7 ct = 14 ct
18 € − 6 € = 12 €
19 € − 3 € = 16 €
11 ct − 4 ct = 7 ct
12 ct − 9 ct = 3 ct

## Seite 56

3 2 € + 1 € = 3 €
10 € + 1 € = 11 €
8 € + 6 € = 14 €
6 € + 9 € = 15 €

4 5 € − 1 € = 4 €
10 € − 8 € = 2 €

## Seite 57

1 Wie viele Luftballons hat Markus noch?

2 **R:** 3 + 3 = 6
**A:** Zusammen sind es **6** Spinnen.

## Seite 58

3 Kerze: 6 − 4 = 2
(Schlüsselwort: auspusten)
Pferde: 6 + 4 = 10
(Schlüsselwort: kommen hinzu)
Turm: 4 + 6 = 10
(Schlüsselwörter: und, zusammen, insgesamt)

## Seite 59

1 Zeichnung: 

**R:** 7 + 6 = 13
**A:** Die Hennen haben zusammen 13 Eier gelegt.

## Seite 60

2 **F:** Wie viele Eier sind noch übrig?
Zeichnung: 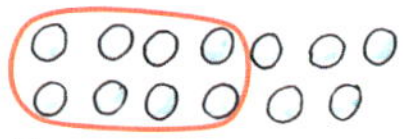

**R:** 13 − 8 = 5
**A:** Es sind noch 5 Eier übrig.

## Seite 61

3 **R:** 11 − 5 = 6
**A:** Es sind noch 6 Würstchen übrig.
**R:** 9 + 8 = 17
**A:** In der Klasse sind insgesamt 17 Kinder.

## Seite 62

4 **R:** 11 − 2 = 9
**A:** Marian ist um 9 Uhr losgeritten.
**R:** 13 + 5 = 18
**A:** Marly ist um 18 Uhr wieder zu Hause.

## Seite 63

5 Nero: 8 + 6 = 14 Murmeln
Lilith: 14 + 6 = 20 Murmeln

Anouk: 8 + 4 = 12 Murmeln
Lilith: 20 − 4 = 16 Murmeln

## Seite 64

6 15 14 7 3

# Plusaufgaben mit Zehnerübergang rechnen

**1** Rechne bis zum vollen Zehner.

**2** Ergänze die fehlenden Zahlen.

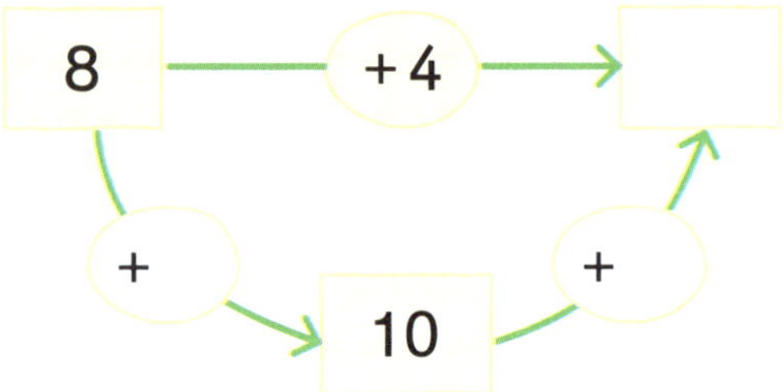


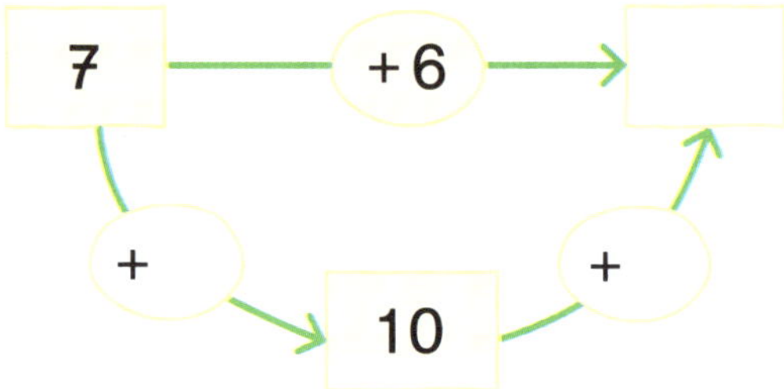


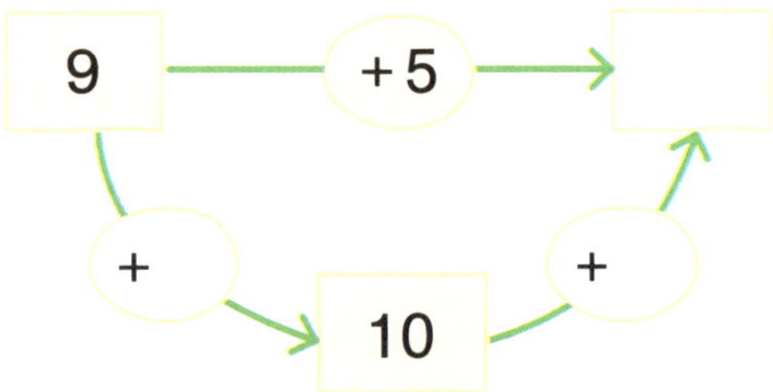


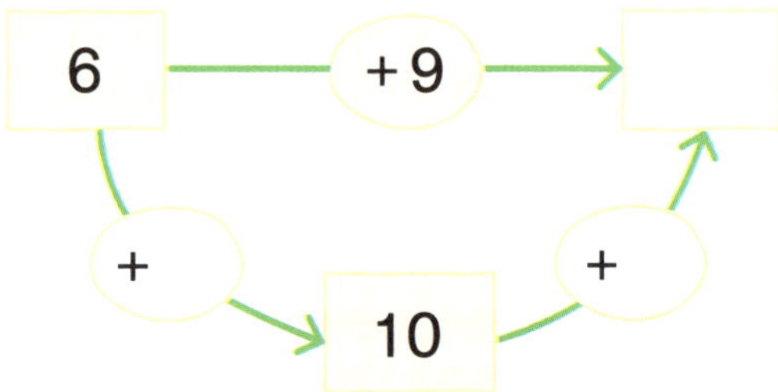

# Plusaufgaben mit Zehnerübergang rechnen

**3** Rechne immer zuerst bis zur 10. Ergänze die Plättchen.

8 + 7 = 15

8 + 2 + 5 = 15

7 + 9 = ___



7 + ___ + ___ = ___

9 + 3 = ___

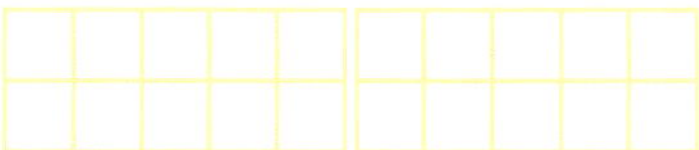

___

6 + 8 = ___

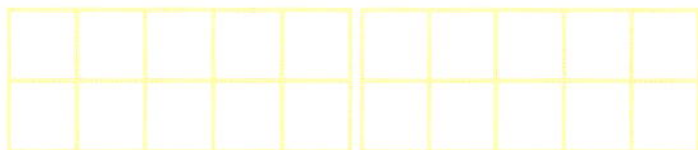

___

**4** Zeichne die Bögen und rechne.

9 + 5 = 14

9 + 1 + 4 = 14

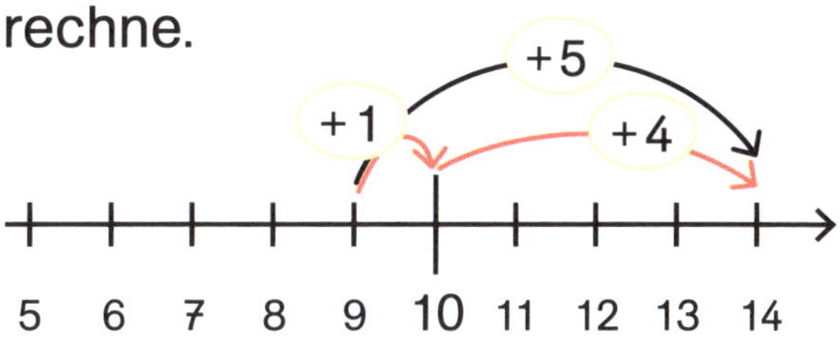


5 + 8 = ___

5 + ___ + ___ = ___

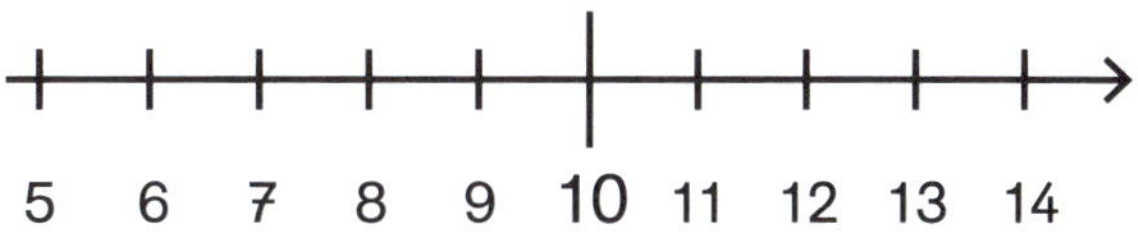


7 + 6 = ___

7 + ___ + ___ = ___

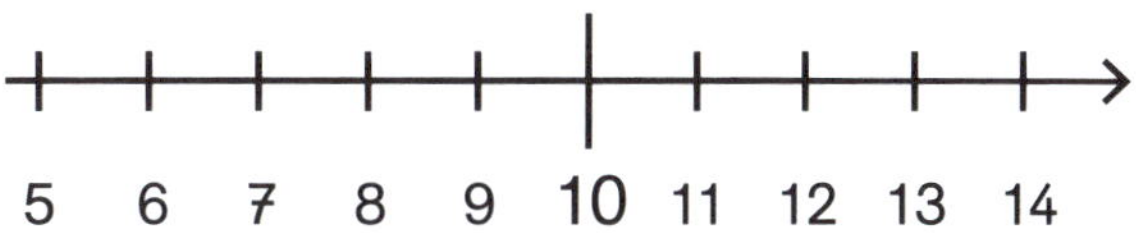

# Plusaufgaben mit Zehnerübergang rechnen

**5** Rechne die Aufgaben und male das Bild richtig aus.
Felder ohne Rechnung malst du hellblau aus.

- Ergebnis 12 (grün)
- Ergebnis 14 (orange)
- Ergebnis 15 (blau)
- Ergebnis 18 (gelb)

| | | |
|---|---|---|
| 8 + 6 = ____ | 6 + 12 = ____ | 5 + 9 = ____ |
| 9 + 9 = ____ | 4 + 10 = ____ | 13 + 5 = ____ |
| 11 + 3 = ____ | 8 + 10 = ____ | 13 + 1 = ____ |
| 9 + 6 = ____ | 8 + 4 = ____ | 5 + 7 = ____ |
| 15 + 0 = ____ | 6 + 6 = ____ | 11 + 1 = ____ |

# Plusaufgaben mit Zehnerübergang rechnen

**6** Schreibe immer zwei Plusaufgaben und rechne aus.

| 7 | 4 | | 3 | 9 |
|---|---|---|---|---|

7 + 4 = ____

4 + 7 = ____

____ + ____ = ____

____ + ____ = ____

**7** Rechne immer weiter.

**8** Löse die Aufgaben in den Tabellen.

| + | | 7 | |
|---|---|---|---|
| 9 | | | |
| 5 | 14 | | |
| 6 | | | 12 |

| + | 14 | 10 | |
|---|---|---|---|
| 2 | | | |
| 4 | | | |
| 5 | | | 13 |

# Minusaufgaben mit Zehnerübergang rechnen

**1** Rechne zurück bis zum vollen Zehner.

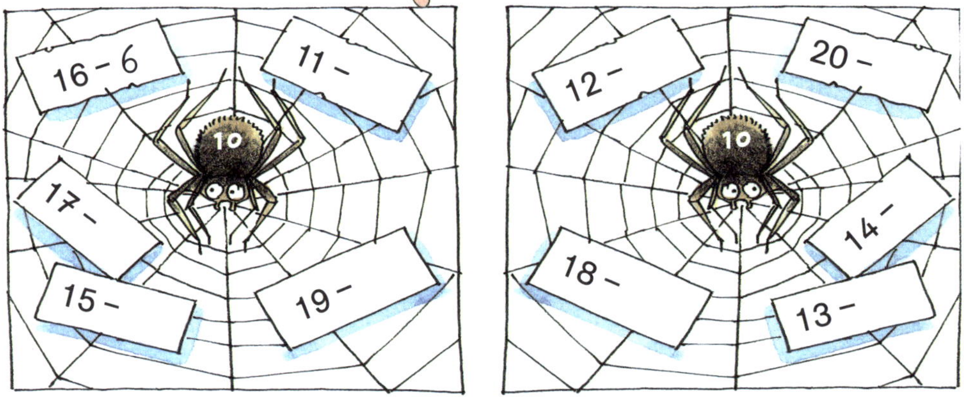


**2** Ergänze die fehlenden Zahlen.

16 → – 9 → ☐
16 → – ◯ → 10 → – ◯ → ☐

15 → – 7 → ☐
15 → – ◯ → 10 → – ◯ → ☐

11 → – 3 → ☐
11 → – ◯ → 10 → – ◯ → ☐

13 → – 6 → ☐
13 → – ◯ → 10 → – ◯ → ☐

# Minusaufgaben mit Zehnerübergang rechnen

**3** Rechne zurück bis zur 10. Zeichne auch die Plättchen.

14 – 6 = 8

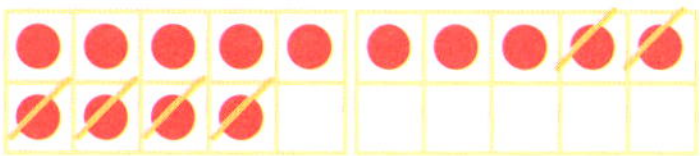

14 – 4 – 2 = 8

16 – 8 = ____

16 – ____ – ____ = ____

15 – 9 = ____

13 – 5 = ____

**4** Zeichne die Bögen und rechne.

14 – 8 = ____

14 – 4 – 4 = ____

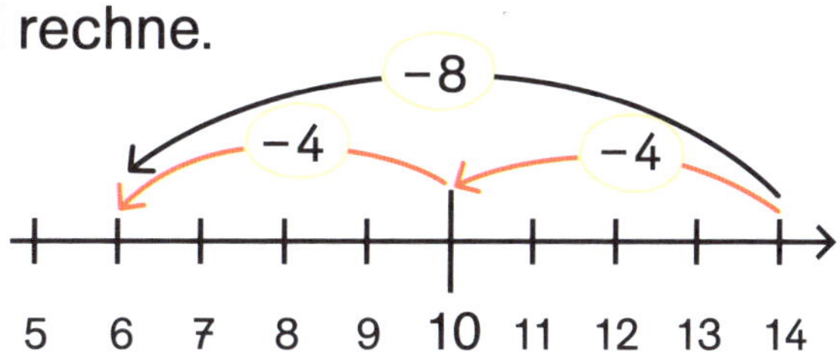


12 – 5 = ____

12 – ____ – ____ = ____

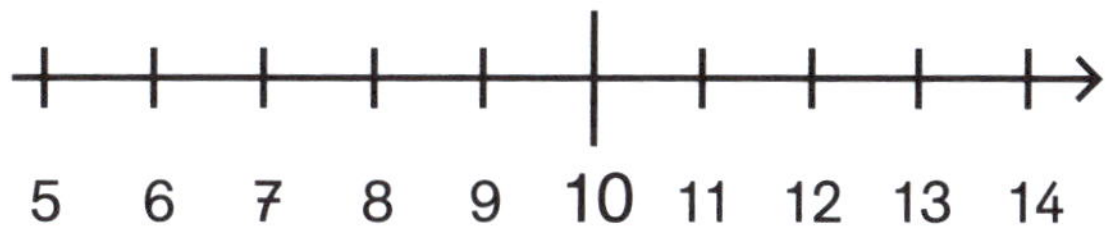


13 – 4 = ____

13 – ____ – ____ = ____

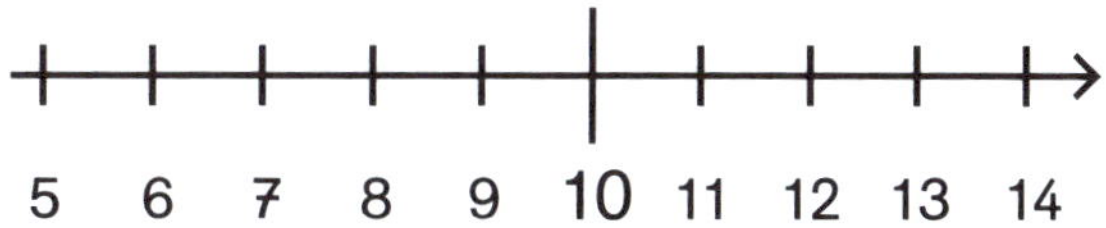

# Minusaufgaben mit Zehnerübergang rechnen

**5** Rechne die Minusaufgaben. Schreibe den Buchstaben bei jeder Aufgabe zum passenden Rechenergebnis.

Lösungswort:

| 5 | 10 | 8 | 6 | 9 | 3 | 7 | 2 | 4 |
|---|---|---|---|---|---|---|---|---|
| | | | | | | | | |

# Minusaufgaben mit Zehnerübergang rechnen

**6** Löse die Minusaufgaben.

| | | | | |
|---|---|---|---|---|
| 15 | − | 2 | = | ___ |
| 15 | − | 4 | = | ___ |
| 15 | − | 6 | = | ___ |
| 15 | − | 8 | = | ___ |
| 15 | − | 10 | = | ___ |

| | | | | |
|---|---|---|---|---|
| 12 | − | 4 | = | ___ |
| 14 | − | 5 | = | ___ |
| 16 | − | 6 | = | ___ |
| 18 | − | 7 | = | ___ |
| 20 | − | 8 | = | ___ |

**7** Rechne immer weiter.

**8** Löse die Aufgaben in den Tabellen.

| − | 7 | | 9 |
|---|---|---|---|
| 11 | | | |
| 12 | 5 | 4 | |
| 14 | | | |

| − | 7 | 8 | |
|---|---|---|---|
| 17 | | | 11 |
| 13 | | | |
| 15 | 8 | | |

# Plus- und Minusaufgaben mit Zehnerübergang rechnen

**1** Welche Robbe bekommt welche Eimer mit Fischen? Verbinde.

# Plus- und Minusaufgaben mit Zehnerübergang rechnen

**2** Plus oder Minus? Setze die passenden Zeichen ein.

| | | |
|---|---|---|
| 13 ○ 4 = 9 | 12 ○ 5 = 7 | 9 ○ 9 = 18 |
| 18 ○ 2 = 16 | 8 ○ 6 = 14 | 11 ○ 4 = 7 |
| 10 ○ 3 = 13 | 12 ○ 3 = 15 | 19 ○ 9 = 10 |

**3** Setze die fehlenden Zahlen in die Eisbrocken ein.

# Plus- und Minusaufgaben mit Zehnerübergang rechnen

**4** Rechne die Aufgaben der Reihe nach. Male die Eisplatten mit den Ergebniszahlen blau aus.

| | |
|---|---|
| 12 − 8 = 4 | 9 + 3 = ___ |
| 7 + 7 = ___ | 8 + 7 = ___ |
| 5 + 5 = ___ | 11 − 8 = ___ |
| 2 + 9 = ___ | 15 − 8 = ___ |
| 6 + 7 = ___ | 17 − 8 = ___ |
| 7 + 9 = ___ | 20 − 2 = ___ |

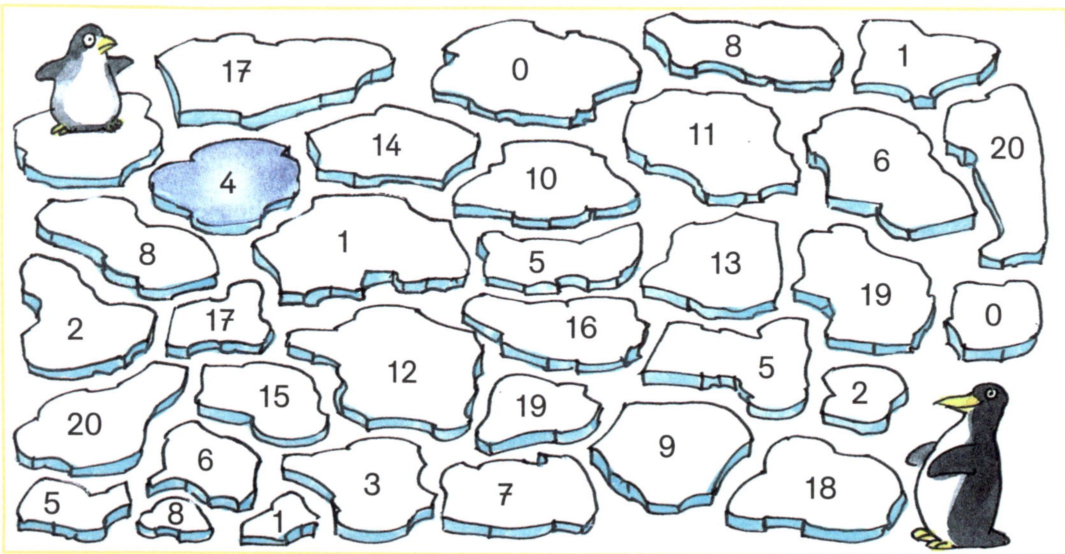

# Plus- und Minusaufgaben mit Zehnerübergang rechnen

**5** Bilde alle Plus- und Minusaufgaben.

14 5 9

7 4 11

13 8 5

**6** Rechne die Aufgaben.

| | | |
|---|---|---|
| 13 − 4 = ___ | 8 + 4 = ___ | 7 + 8 = ___ |
| 7 + 7 = ___ | 18 − 8 = ___ | 5 + 8 = ___ |
| 14 − 6 = ___ | 9 + 2 = ___ | 16 − 9 = ___ |
| 7 + 6 = ___ | 12 − 5 = ___ | 14 − 7 = ___ |
| 13 − 8 = ___ | 10 + 7 = ___ | 15 − 5 = ___ |
| 16 − 7 = ___ | 9 + 5 = ___ | 17 − 9 = ___ |

# Plus- und Minusaufgaben mit Zehnerübergang rechnen

**7** Ergänze die fehlenden Zahlen.

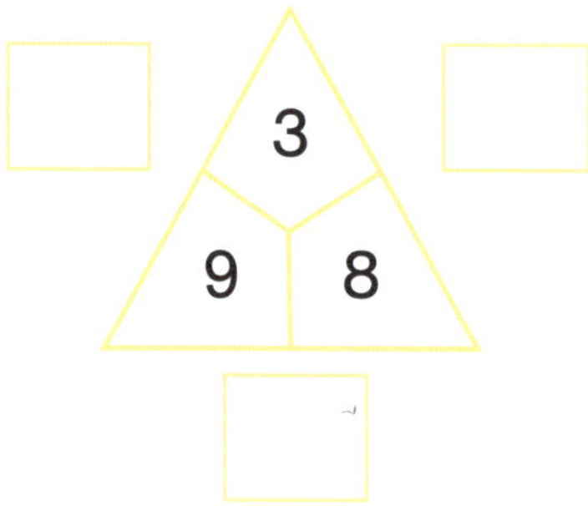


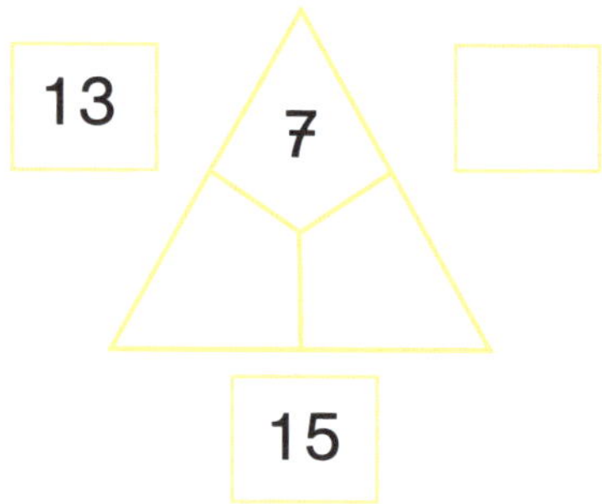


**8** Rechne die folgenden Aufgaben. Was fällt dir auf?

5 + 7 = ____

6 + 6 = ____

6 + 7 = ____

6 + 8 = ____

7 + 7 = ____

16 − 8 = ____

17 − 7 = ____

17 − 8 = ____

17 − 9 = ____

18 − 8 = ____

# Verdoppeln und halbieren

**1** Verdopple die Dinge und zeichne jeweils die gleiche Menge dazu. Rechne dann die passende Aufgabe.

→ 3 + 3 = ____

→ 4 + ____ = ____

→ ____ + ____ = ____

**2** Halbiere! Wie viele Karotten bekommt dann jeder Hase und wie viele Käsestücke jede Maus?

6 Karotten

____ Karotten, ____ Karotten

____ Käsestücke

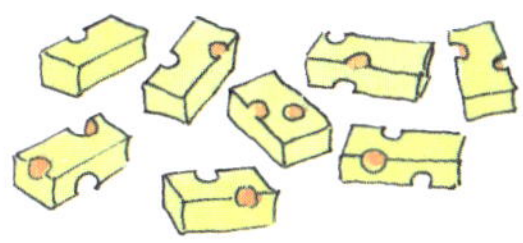

____ Stücke, ____ Stücke

# Verdoppeln und halbieren

**3** Verdopple die Zahlen.

| 3 | 1 | 5 | 2 | 10 | 8 | 7 | 4 | 6 | 9 |
|---|---|---|---|---|---|---|---|---|---|
| 6 | | | | | | | | | |

**4** Streiche alle Zahlen durch, die du nicht halbieren kannst.

**5** Finde die Rechnung und löse sie.

Das Doppelte von 4 ist ...?

Die Hälfte von 12 ist ...?

4 + 4 = ____     ____ − ____ = ____

Das Doppelte von uns ist ...?

# Geschickt rechnen

**1** Wie haben die Ameisen die Plusaufgaben gerechnet? Verbinde.

9 + 5 = 14
10 + 5 = 15

1 + 8 = 9
8 + 1 = 9

| | |
|---|---|
| Tauschaufgabe | Nachbaraufgabe |
| verwandte Aufgabe | zuerst bis zur 10 |

**2** Welcher Weg hat den Ameisen beim Lösen der Minusaufgaben geholfen? Verbinde.

18 − 6 = 12
8 − 6 = 2

17 − 9 = 9
17 − 7 − 2 = 8

| | |
|---|---|
| zuerst zurück bis zur 10 | Nachbaraufgabe |
| verwandte Aufgabe | Umkehraufgabe |

# Geschickt rechnen

**3** Probiere verschiedene Rechenwege aus.

$4 + 8 =$ ____

zuerst bis zur 10

Tauschaufgabe

$16 - 5 =$ ____

verwandte Aufgabe

Nachbaraufgabe

# Uhrzeiten und Zeitspannen bestimmen

**1** Verbinde die Bilder mit der passenden Zeitangabe.

6 Monate | 1 Stunde | 1 Sekunde | 5 Minuten

**2** Rechne und ergänze die fehlenden Zeitangaben.

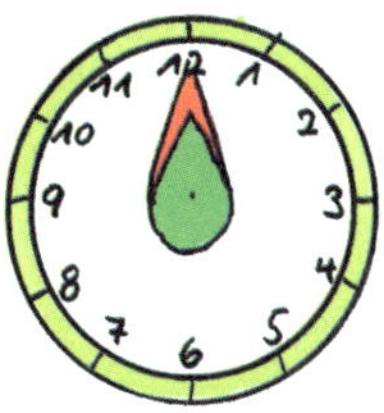

____ Stunden

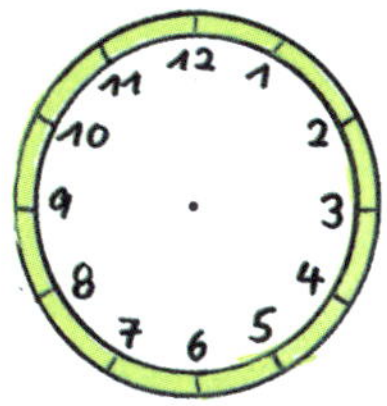

0.00 Uhr

7.00 Uhr

2 Stunden

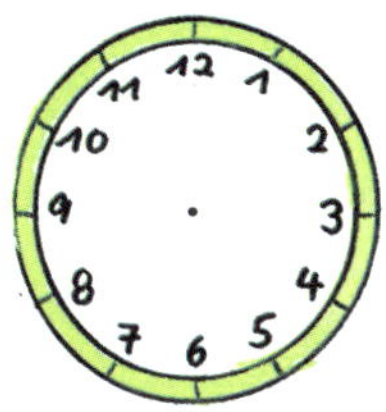

8.00 Uhr

____ Uhr

# Uhrzeiten und Zeitspannen bestimmen

**3** Wie lange scheint die Sonne? Rechne aus.

**Sonnenaufgang**
7.00 Uhr

**Sonnenuntergang**
20.00 Uhr

Rechnung: 7 + ______ = 20

Am 28. März scheint die Sonne ______ Stunden.

**Sonnenaufgang**
8.00 Uhr

**Sonnenuntergang**
16.00 Uhr

Rechnung: ______ + ______ = ______

Am 2. Dezember scheint die Sonne ______ Stunden.

# Geldbeträge zusammensetzen

**1** Welcher Geldbetrag ist größer? Setze **<**, **>** oder **=** ein.

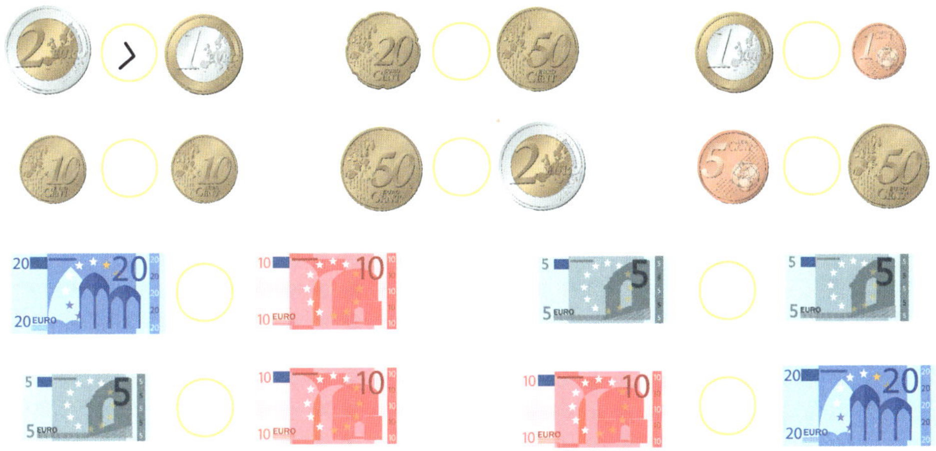

**2** Wie viel Geld haben die Monster? Trage ein.

**3** Ordne die Beträge aus Aufgabe 2 von klein nach groß.

______ < ______ < ______

# Geldbeträge zusammensetzen

**4** Zeichne zu jedem Betrag Scheine und Münzen zum Bezahlen. Wähle eine Möglichkeit.

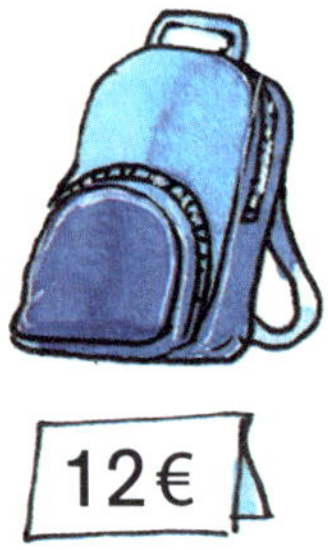


**5** Welche Scheine und Münzen fehlen? Ergänze.

10 €

13 €

# Mit Geldbeträgen rechnen

**1** Schreibe die Plus- und Minusaufgaben auf und rechne.

5 ct + ct = ct

3 €

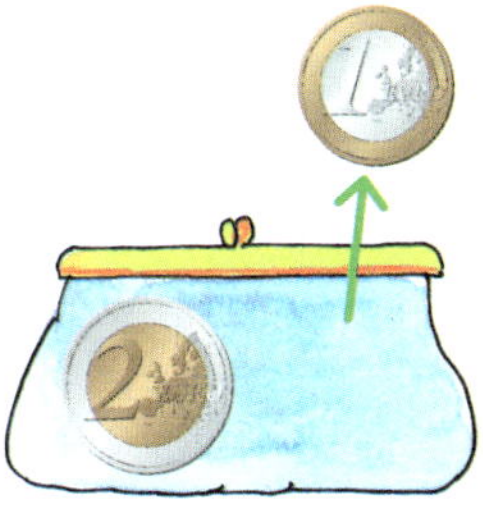

3 € – 1 € = €

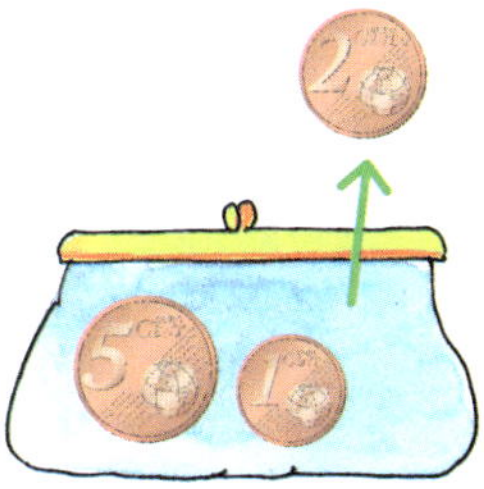

8 ct –

**2** Rechne die Aufgaben.

8 € + 7 € = ____ €

12 € + 5 € = ____ €

14 ct + 6 ct = ____ ct

7 ct + 7 ct = ____ ct

18 € – 6 € = ____ €

19 € – 3 € = ____ €

11 ct – 4 ct = ____ ct

12 ct – 9 ct = ____ ct

# Mit Geldbeträgen rechnen

**3** Wie viel kosten die Schulsachen? Schreibe die Plusaufgaben auf.

2€ + 1€ = €

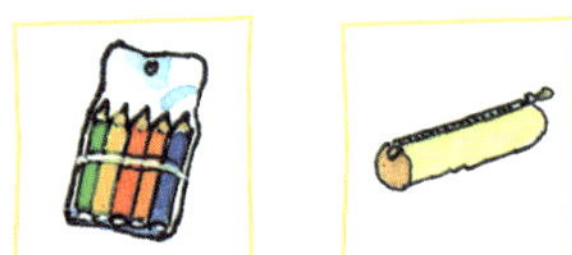

**4** Wie viel bekommst du jeweils zurück, wenn du mit den abgebildeten Scheinen bezahlst?

5€ – 1€ = €

# Sachaufgaben im Zahlenraum bis 10 rechnen

**1** Lies die Aufgabe ganz genau. Kreuze die Frage an, die zur Aufgabe passt.

Markus hat 5 Luftballons geschenkt bekommen.
3 sind zerplatzt.

☐ Wie viele Luftballons hat Markus noch?

☐ Warum sind die Luftballons zerplatzt?

**2** Betrachte das Bild. Ergänze dann die passende Rechnung und den Antwortsatz.

Auf dem Dachboden sind 2 große Spinnennetze.
Auf jedem Netz sitzen 3 Spinnen.

Frage: Wie viele Spinnen sind es zusammen?

Rechnung:

Antwort: Zusammen sind es ______ Spinnen.

# Sachaufgaben im Zahlenraum bis 10 rechnen

**3** Achte auf alle wichtigen Zahlen und Wörter, die dir zeigen, wie du rechnen musst. Verbinde jede Aufgabe mit der richtigen Rechnung und rechne aus.

Auf der Torte brennen (6) Kerzen. (4) Kerzen pustet Sara aus.

Frage: Wie viele Kerzen brennen noch?

Auf der Koppel stehen (6) Pferde. (4) Pferde kommen hinzu.

Frage: Wie viele Pferde stehen nun auf der Koppel?

Paul baut einen Turm aus (4) roten und (6) blauen Würfeln.

Frage: Wie viele Würfel hat der Turm insgesamt?

4 + 6 =

6 − 4 =

6 + 4 =

# Sachaufgaben im Zahlenraum bis 20 rechnen

**1** Lies die Aufgabe.

Henne Martha hat diese Woche 7 Eier gelegt. Henne Minna hat 6 Stück geschafft.

**F:** Wie viele Eier haben die beiden Hennen zusammen gelegt?

Vervollständige die Zeichnung zur Aufgabe.

Notiere nun die richtige Rechnung.

**R:**

Schreibe eine Antwort.

**A:**

# Sachaufgaben im Zahlenraum bis 20 rechnen

**2** Lies die Aufgabe und notiere eine passende Frage.

Im Hühnerstall liegen 13 Eier. Am Morgen kommt die Bäuerin und sammelt 8 davon ein.

**F:**

Zähle und bündele: Kreise von 13 Eiern 8 Eier ein.

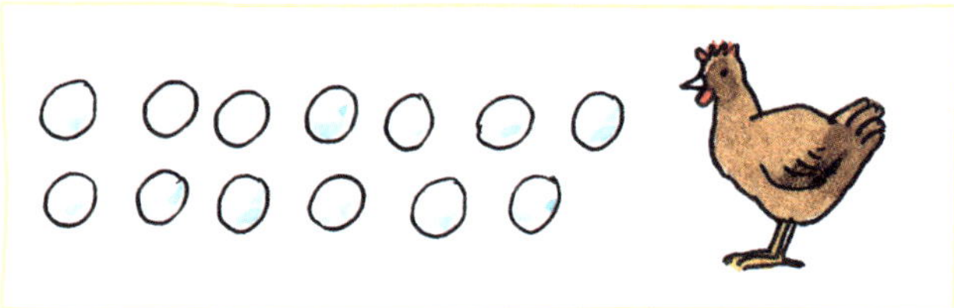

Notiere nun die richtige Rechnung.

**R:**

Schreibe einen passenden Antwortsatz.

**A:**

# Sachaufgaben im Zahlenraum bis 20 rechnen

**3** Rechne die Aufgaben und schreibe eine passende Antwort auf. Verwende dazu die Wörter aus der Frage.

Bello hat 11 Würstchen stibitzt. 5 frisst er sofort auf.

**F:** Wie viele Würstchen sind noch übrig?

**R:** 1 1 – =

**A:**

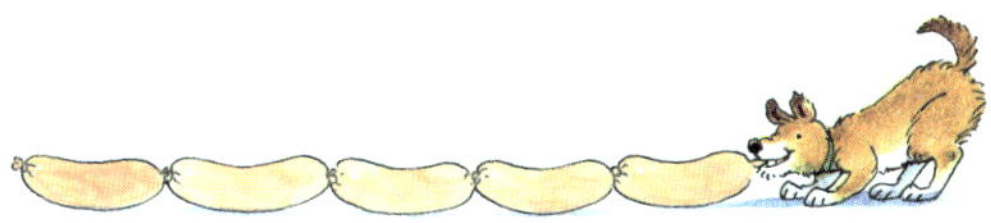

In Murats Klasse sind 9 Mädchen und 8 Jungen.

**F:** Wie viele Kinder sind insgesamt in der Klasse?

**R:**

**A:**

# Sachaufgaben im Zahlenraum bis 20 rechnen

**4** Rechne die Aufgaben und schreibe eine passende Antwort auf.

Marian reitet aus. Er war 2 Stunden lang unterwegs.
Um 11.00 Uhr kommt er zurück.

**F:** Wann ist Marian losgeritten?

**R:**

**A:**

Marly geht um 13.00 Uhr zum Kindergeburtstag.
Die Feier dauert 5 Stunden.

**F:** Wann ist Marly wieder zu Hause?

**R:**

**A:**

# Sachaufgaben im Zahlenraum bis 20 rechnen

**5** Löse die Sachaufgaben.

Anouk hat 8 Murmeln. Nero hat 6 Murmeln mehr als Anouk, aber 6 Murmeln weniger als Lilith. Wie viele Murmeln haben die Kinder?

Anouk

Nero

Lilith

Lilith schenkt Anouk 4 Murmeln.
Wie viele Murmeln haben die Kinder nun?

Anouk: ____ Murmeln    Lilith: ____ Murmeln

# Sachaufgaben im Zahlenraum bis 20 rechnen

**6** Lies genau und finde die passende Zahl. Schreibe eine Rechnung auf, wenn es dir hilft.

Meine Zahl liegt zwischen 13 und 16. Es ist eine ungerade Zahl.

Wenn ich von meiner Zahl 2 abziehe, erhalte ich das Doppelte von 6.

Meine Zahl ist die Hälfte von 14.

Meine Zahl ist um 8 kleiner als 11.